LA TIJERA DE PODAR

Ervin A. Figueroa B

ISBN-13:978-1978013452

ISBN-10:1978013450

DEDICACIÓN

- ➢ A los amigos que quieran andar livianos por el mundo.

- ➢ A quienes no quieran llegar cargados de cachivaches al otro lado del mar por el que vamos viajando.

- ➢ A quienes creen que el espíritu no debe ir lleno de cargas sino liviano para poder volar muy alto.

- ➢ A quienes creen que uno debe cargar únicamente lo necesario y lo útil.

TABLA DE CONTENIDO

MI GRATITUD

Fruto de las conversaciones y de los cafecitos de la
tarde con los amigos

JOSÉ FERNANDO PINEDA
Y
NICOLÁS LUGO DUARTE

en la reflexión sobre la practicidad de la vida y la
necesidad de estar podando todos los arbolitos que
crecen al rededor de nuestras vidas y de nuestra
alma.

Ellos son también parte muy importante de este
libro enriquecido con sus ideas , experiencias y
punto de partida en el desarrollo de las formas que
aquí surgen.

Desocupar el alma, la mente, la conciencia, el
espíritu, de toda basura es como hacer aseo en el
garaje, en el cuarto de San Alejo, como podar los
arbolitos para que puedan dar mejores frutos, eso
busca

LA TIJERA DE PODAR.

I.

LA TIJERA DE PODAR

En alguno de mis escritos anteriores abría un anchuroso pero un tanto difícil camino, que debemos transitar en la vida para llegar a trascender y titulé uno de mis libros "EL HOMBRE POR EL HOMBRE A DIOS." Y a medida que camino, me convenzo más que esto es una gran realidad. Solo en el hombre, en el ser humano, en el amigo, encontramos la mejor manera de caminar por el mundo, por lo menos mientras disfrutamos de la materia. Cuando pensamos en la trascendencia, fijamos como meta la llegada a Dios, al Ser Supremo, al Creador, como cada uno haya pensado que es mejor llamarlo, porque de todas maneras somos creaturas finitas y alguien tuvo que haberse ocupado algún día en crearnos y en darnos tan maravillosa existencia como la que tenemos con la obligación ineludible de disfrutarla puesto que no es menos cierto que es tan solo un soplo en el concierto del infinito. "Por eso, quien quiera vivir con dignidad y plenitud no tiene otro camino más que reconocer al otro y buscar su bien. (Evangeli Gaudio. II. 9)

Por otro lado, existimos por la obra de un Creador, somos criaturas casi perfectas que debemos además aspirar a la perfección. No aparecimos por generación espontánea, tenemos un origen superior a todas las creaturas de la naturaleza, animales, plantas, peces, vertebrados e invertebrados, somos un filo específico, somos seres humanos con todas las facultades, ventajas y desventajas que esto implica en un universo en donde existimos junto a los planetas, a los seres vivos, a la naturaleza verde, inerte, al fuego, al agua, al aire y nos alimentamos, nos servimos de todas las demás criaturas bien sea para alimentarnos, para ayudarnos en el quehacer diario o simplemente para compartir este escenario que llamamos tierra, nuestra casa común.

Cuando entramos en contacto con la otra persona,

con el otro con quien vivimos o existimos, caemos en cuenta de grandes cosas que nos suceden, el amor, la riqueza material, la amistad...de las cuales somos capaces, de las que hacemos y debemos hacer, pero sobre todo, que somos un pensamiento, un conjunto de elementos con los cuales convivimos, compartimos.

Un buen día, digo bueno, porque fue mejor que los anteriores, ya que todos los días son buenos, nosotros nos encargamos de hacerlos que no lo sean en muchas oportunidades, tuve la gran fortuna de encontrarme con unos niños que muy animadamente hablaban sobre el campo, los árboles, las frutas...

_ Fernando, no te parecieron muy hermosos los frutos que cogimos ayer?

_ Maravillosos, Nico, limpios de toda plaga, no tenían una sola mancha en su corteza, pero de manera muy especial, la dulzura, la suavidad de su sabor, digno de los mejores paladares y un gran manjar.

_ Sí, están deliciosos, uno quisiera comérselos todos de una vez, pero no, se deben comer con mesura, pues el organismo no alcanza a disfrutarlos bien cuando se abusa de su comida.

_ Como todo, si uno abusa de algo, ese abuso le sale caro, se enferma, las cosas le salen mal, a la postre uno no se siente bien, en fin, todo abuso, todo extremo es vicioso, como repite la gente sensata a cada rato.

_ Pues por su puesto, Nico, pero sabe porqué se dan tan lindos y tan sabroso esos frutos, esos mangos tan apetecidos?

_ Me imagino que porque abonan muy bien las tierras, les suministran buena agua, en una palabra los cuidan muy bien.

_ Es eso cierto, amiguito, pero lo más importante es

la poda.

_ La poda?

_ Sí la Poda, eso es fundamental. Usted sabe Nico que el árbol se nutre de la savia que extrae de la tierra, del oxígeno, del aire, del agua. Pero el árbol da muchas ramas, muchas hojas, se le pegan unas planticas que trae el viento o las aves que se llaman parásitas porque se alimentan de la savia del árbol y la planta se resiente, se estropea, como cualquier ser vivo que tiene que soportar algo que no le pertenece, que no le ayuda pero más bien le hace daño.

_ Cierto, Fernando, no había caído en la cuenta, pero qué hacer entonces?

_ Los hortelanos, los que cuidan las huertas escogen unos días muy especiales que coinciden con algún período de la luna, la menguante. Tienen unas tijeras especiales y les quitan todas esas ramas que le sobran al árbol unos retoños que llaman chupones, porque solo le chupan la savia al árbol pero no dan ningún fruto, tiran esas ramas y les prenden fuego.

_ Me he dado cuenta que también fumigan con venenos químicos, cosa que no se debe hacer, pero últimamente he visto que preparan esos venenos con elementos naturales como el ajo, las hierbas aromáticas, el ají, lo llaman "hidrolatos" y con eso fumigan para espantar las plagas que suelen atacar los frutos y las hojas de esos árboles. Así no contaminan y no ponen en peligro la vida de quienes los consumimos.

_ Eso es precisamente lo que hace que los frutos sean tan exquisitos, la poda y ese tipo de fumigación.

El par de jovencitos siguió conversando y se alejaron del lugar en donde los oía con mucha atención. Me quedaron una serie de interrogantes y unos recuerdos maravillosos de mi infancia. Nos criamos con mis hermanos en una de esas casas grandes de los pueblos antiguos, con un solar inmenso donde podía sembrar cebolla, frutales, mi padre sembraba el Tomate de Árbol, delicias en los jugos que mi madre solícita preparaba, sembraba aromáticas como la yerba buena, para el dolor de estómago, el paico para las lombrices, cuando nos veían la barriguita inflamada decían:

_ El chino tiene lombrices, hay que prepararle una pócima de paico con manzanilla.

Lo machacaban en una piedra de moler el maíz, lo medio hervían y sin azúcar, panela para la época, teníamos que tomar por lo menos dos posilladas del zumo de paico que era lo más amargo y mal oliente que uno pudo tomar en su primera infancia, pero eso sí, tocaba buscar pronto el baño porque las lombrices no soportaban tanto tormento en sus narices y a volar se dijo, quedábamos limpiecitos del estómago, porque además, no nos daban de comer sólido sino hasta el otro día, cuando "haya ido siquiera unas tres veces al baño"...

El hecho es que entre todas sus maticas, mi padre por recomendación de mi mamá, tenía que cuidar mucho una higuera, en la mitad del solar, cerca de donde se amarraba la vaquita que nos daba la leche diaria, ella le daba el abono necesario a la planta, en época de cosecha se llenaba de brevas, negritas o moradas pero muy deliciosas que comíamos así no más o en dulce muy sabroso de las manos de la mamá.

Con alguna frecuencia al salir de la escuela de Doña Hilda, que vive aún para alegría de sus tantos discípulos y de su numerosa familia, y a quien quiero como a una madre, me decía Don Manuel, mi padre:

_ Mijo, venga y me ayuda a podar el brevo.

Recuerdo muy bien que no podía con el machete y además él no me dejaba por cuidar que no me fuera a lastimar, pues decía él mismo que ese machete "bajaba pelos al aire "para significar que estaba muy bien afilado, él mismo lo hacía en una piedra que hace mucho había traído de la orilla de rio. Le quitaba todas las ramas secas, lo despuntaba en algunos casos, en otros le quitaba gajos enteros, lo podaba muy bien...Luego le revolvía la tierra de las raíces, le agregaba a la pata de la planta algunas paladas de la bosta de la vaquita y algo le decía:

_ Pórtese bien como yo me porto con usted, esperamos muchas brevas en la próxima cosecha. Dios lo bendiga.

Lo cuidaba como a un hijo y luego llamaba a mi mamá y le decía:

_ Mire Teresa, cómo le dejo el árbol, todo limpiecito, para que después no diga nada y que yo no le cuido su higuera.

_ Pero mijo, si casi lo acaba, le quitó muchas ramas, pobre arbolito, seguro no nos va a dar tantas brevas como en la cosecha pasada.

_   No se preocupe, Teresa, esperemos al creciente de la luna y entonces si me dice todo lo que quiera...

Mi oficio era recoger todas las ramas, amontonarlas en un sitio determinado y dejarlas ahí que se secaran para que mi padre las pudiera quemar una vez estaban bien secas y votarle la ceniza a todas las maticas.

Qué lindos recuerdos. Yo creo que esos son los únicos que uno debe tener de su pasado, para sentirse alegre y darle gracias al Creador por esos momentos de compartir, de hogar, cariño y de amor familiar.

Me quedé solo, como abstraído en el diálogo de los niños, en mi vida, en mis relaciones con los demás...En ese momento creí, me sentí como un árbol frondoso, con muchos frutos pero con capacidad de dar muchos más y más deliciosos. Qué debo hacer? Me pregunté. No tuve que hacer ningún esfuerzo, apareció el machete de mi padre, las modernas tijeras de podar de los hortelanos actuales...Debo empezar la poda: Los malos recuerdos, las horas difíciles, las traiciones, los desamores, las ingratitudes, la ambición, la avaricia, el amor desmedido a las cosas, el apego a lo que creo que me hace feliz pero más me esclaviza, la tecnología, la falta de relación con mis congéneres, la envidia, la pereza, la falta de fe y de Confianza en mi Hacedor, en mí mismo, las muchas preocupaciones por el futuro, los pesares del pasado...Todos esos chupones tengo que quitarlos, tengo que deshacerme de ellos si quiero vivir feliz, dar buen fruto, debo podar mi árbol, mi vida, mi existencia, sin esperar que sea creciente o menguante, ya debo empezar en este mismo momento, porque lo importante es vivir alegre, feliz y con tanto chupón de mi sabia no puedo disfrutar de la vida. Debo colocar una cera que cure todas las heridas, una cera de perdón y de reconciliación con migo mismo y con los demás. Machete y tijeras podadoras en acción, es la hora a empezar...No se puede esperar porque la vida es un soplo y no puedo desperdiciar todo lo el Creador me ha dado.

Has revisado alguna vez tu cuarto de San Alejo? La lista de tus compras? Tu ropa? Tus zapatos? Tus muebles? La herramienta de tu "Taller"? Pues bien tienes una tarea. Después de leer estas letras ve, separa lo que te es realmente útil, sigue guardando lo útil pero que nunca usas, algún día sentirás el pesar de no haber "podado" a tiempo porque las cosas, los objetos no te dejan mover. Lo que consideras que no te sirve regálalo a quien lo pueda necesitar, lo que necesitas, que nunca usas, lo tan valioso que guardas, mételo en tu baúl a ver si mañana cuando necesites salir corriendo ese baúl te va a permitir salvar tu vida...Llévalo también y tíralo al fuego, no mires cómo arde, sigue adelante libre, con las manos en alto y muy liviano de equipaje y entonces comprenderás y te darás cuenta que has aprendido la lección, que has aprendido a vivir. Y cuando tengas que partir definitivamente, "levar anclas para jamás volver", abrazar a todos con el mayor de los amores, con el más puro sentimiento y darás el paso a la eternidad con una amplia sonrisa en tus labios y en tu corazón con la satisfacción de haber vivido a plenitud.

II.

EL BAÚL DE LOS RECUERDOS.

Creo que eran los primeros días de Marzo, en "La Ranchería" los arrieros" le suministraban el pienso a sus mulas, normalmente un poco de pasto y una panela negra por animal, que los cuidadores de las mulas molían con una piedra grande de río. Era muy temprano, los arrieros madrugaban mucho para seguir su camino hacia el "Valle de los Cámbulos " que estaba como a tres jornadas.

A punto de partir los arrieros, empezaron a llegar gentes de todas partes con distintos atuendos Al frente de la caravana un hombre muy alto que llamaban Rosariote, vestía una túnica blanco, rojo y azul, cuyos pliegues muy largos flotaban al viento, montaba en una gran vara en cuya punta estaba fijada la calavera de un enorme toro, forrada en cuero negro y marrón como si tuviera anteojos, y el jinete llevaba en sus manos las riendas que pendían de las grandes astas del cornudo animal, que viraba a lado y lado o retrocedía a la voluntad del jinete. Los chicos se enloquecían, las mamás los seguían, fue un gritería total nunca oída en estos contornos y todo se incendió de gran alegría. Al jinete, lo seguían niños, como enanitos, con canastas de flores, cantando y bailando y trayendo en los hombros una pequeña imagen de la Virgen, muy liviana a quien todos la llamaban la madre de Las Mercedes o Virgen de las Mercedes. Un curita iba adelante, con una sotana negra muy gruesa y un gorrito en su corona que llamaba el solideo. Menos mal que el clima era bien frío, porque nunca lo vieron sin sotana, salía por todas partes con tremendo atuendo que yo creo se cansaba de llevar a veces porque a simple vista se veía que pesaba arrobas. Nunca supe cómo se llamaba en realidad, le decían el padre Casimiro, no se si porque tenía un ojito torcido o qué otra razón, lo que si tuve noticias, es que era primo hermano de Don Patricio Villamizar, que donó el terreno de "La Meseta" en donde la caravana construyó sus chozas y se establecieron con su capillita y todo.

La caravana venía de "La Páez", encabezada por los

Gómez, que traían una burrita de cabestro con el
baúl de sus pertenencias, "Chínchipa "con los Díaz,
"El Manzano", y los Daza de "La Caldera" Todos los
descendientes de doña Vicenta. Delante de este
grupo, un hombre grande, fornido, con un bigote
formidable, muy elegante con frac y corbata, botas
de cuero hasta la rodilla, un látigo de arrear ganado
en la mano, se veía como un animal raro de tanta
elegancia. Todos le rendían respeto y lo llamaban
Don Miguel, él era Miguel Bautista Daza, que
posteriormente fue el más grande terrateniente de
toda la región. Su pariente e hijo de un hermano de
doña Vicenta, era un joven desparpajado, que
posaba de loco, pero de loco no tenía nada, era
temerario, muy inteligente, delgado, guapo dirían
las mujeres, que con mucho disimulo le guiñaban el
ojo. El fue el mismo que inventó con un poco de
alambre, latas viejas , varas muy delgadas, lienzos
finos pero viejos, tarros que encontró tirados, un
aparato en forma de cruz con palos, le acomodó
unas alas muy largas, le acondicionó en la trompa
con carretes de hilo, especie de motores que hacían
girar unas ruedas en forma de hélices, que llamó
"mi primer avión". Como pudo y con ayuda de toda
la gente, se subió a la cúpula de la iglesita que
habían construido, ante la algarabía de la gente que
le gritaba, "No se vote...no se vote..." lanzó su

artefacto monstruoso, él encima y ante el asombro de todos sobrevoló la placita completa y terminó vuelto pedazos en un ángulo donde todos acudieron a levantar el cadáver de tan temerario muchacho...Una soberbia carcajada recibió a la muchedumbre, todos gritaron de la emoción al verlo salir de los escombros, de su propio invento. Supe entonces que se llamaba Camilo, nieto de doña Vicenta Daza, venido de los lados de la vereda "La Caldera" con Don Miguel, su tío.

Ya casi todos estaban establecidos, cada uno en su lugar, con su choza y su huerta, sus animalitos y sus cosas. Los niños se encargaron de hacer las jaulas de su conejitos, con varas y palos que recogieron a la orilla del río. Ellos mismo eran los encargados de mantener el pasto en las jaulas. Las ovejitas y unas cabras muy grandes, que eran las que les suministraban la leche, podían pastar libremente, por lo menos mientras las plantas sembradas de legumbres y verdura, empezaran a asomar.

Casi todos traían un baúl, como que era una costumbre muy arraigada, baúles de distintos tamaños, normalmente guardaban allí sus morrocotas, que eran monedas de oro, con las cuales comerciaban, sus cosas de valor, sus tesoros, en una palabra. El más grande era el de los Gómez, pero había la orden terminante que eso baúles debían abrirse todos en un día señalado, públicamente en la mitad de la placita. Nadie por lo tanto se atrevía a abrir su baúl antes de día señalado. Unos eran de madera labrada con puntas de cuero en las esquinas, otros de puro cuero tratado con alquitrán, que untaban para su terminado con flores de azafrán que le daban un color rojizo.

Unos apesadumbrados, otros felices de haberse podido despegar de cosas, muchas por cierto inútiles, cuando empezaron a caminar a tierras extrañas en donde fundarían sus estancias definitivas. Eso si fue en privado. Como sus baúles eran tan pesados, cada familia tuvo que sacar su baúl al patio de la casa, abrirlo delante de toda su familia y empezar a votar o a regalar lo que no necesitaban para el viaje, lo que no utilizaban ya y nunca utilizarían, por valioso que pareciera. Muchos tuvieron que llorar, de todas maneras era un desprendimiento que hacían, muchos de años, como decían, que ese tal o cual objeto los acompañaba. Cobijas de lana muy viejas, rotas y mal olientes, vestidos que nunca más usarían, alpargates rotos, utensilios de cocina ya tiempos en desuso, lazos, herramienta, como tijeras para esquilar las ovejas, tres o cuatro pares, solo dejaban unas, herraduras usadas, llaves que ya no tenían candados, candados que ya no tenían llave que les sirviera, tasas para ordeñar cuando tenían vacas hace tiempos, piedras de moler, herramienta del campo ya oxidada y rota, palos muy bien labraditos pero inútiles en el momento, sombreros que dejaban pasar el sol, el agua, los malos pensamientos y los animalitos que les picaban la cabeza, joyas muy bonitas pero que nunca lucieron, que les traían además recuerdos de sus amores y de sus seres queridos, pedacitos de tela que no servían de nada, pero que eran bonitos, rosarios viejos ya sin muchas cuentas ni cristo, peinillas y peinetas que no se sabía de qué color habían sido, unas chinelas que eran de la abuela, los anteojos del abuelo todos torcidos , sillas de montar para mujer y para hombre, unos materos pequeñitos que daba lástima utilizar porque se llenaban de tierra, sonajeras de pepas vegetales que alegraron la atención de sus niños, mamilas desleídas, teteros totalmente negros, todo lo que una persona va recogiendo y acumulando, guardando en el trasegar de su camino...Con lágrimas, todo eso fue amontonado a las afueras de la casa y ardió ante el dolor y el pesar de quemar tantos y tan bonitos recuerdos. Cuando regresaban a sus alcobas, se sentían felices de haber podido despegarse de todo y su baúl, donde debían llevar solo lo necesario para el viaje, era totalmente liviano. Esta fue la primera poda que hicieron de sus pertenecías, para tratar de no llevar un baúl muy pesado al viaje que estaban alistando. Mucho quedó todavía en estos cajones de almacenar cosas viejas. Cargaron con ellos bregando todo el camino y el tiempo que duró su caminata.

Respiraban profundo y se sentaban a la orilla de la cama como dormidos por el golpe de haber salido de tantas cosas inútiles, que jamás pensaron haber guardado. Ahora todos, absolutamente todos los de la casa, sentían una gran alivio y una paz increíble en sus almas y su mente gritaba de alegría pues no tendrían que cargar un baúl tan pesado como antes en su inminente viaje.

Acordaron , sacar todos su baúles de nuevo, al sitio que denominaron la placita en el centro de las chozas cuando estuvieran establecidos. Nadie podía abrir , pero todos sentían alguna cosa recordando o el dolor o la satisfacción experimentada, cuando hicieron lo mismo ante de partir de sus casas.

Llevaron las ollas grandes de comida, trajeron agua del río y muchos habían estado en los alrededores cogiendo, frutas, verduras, habas, maíz de un vecindario un poco lejano, donde los habitantes tenían silos para almacenar sus alimentos y les regalaron cuanto tenían. Experimentaron la felicidad que se siente cuando se comparte y siempre estuvieron agradecidos por este gesto de hermandad de los vecinos más cercanos a esta comarca. Las mujeres se encargaron de preparar los alimentos que distribuyeron suficiente a todos, empezando por los niños y los más pequeños.

No había lugar para nada, los niños jugaban, sacaban a pastorear las cabras y las ovejas, los mayores organizaban su huerta, nadie tenía un azadón, una pica, una pala de su propiedad, todo era de todos y lo mismo sucedió con las semillas y los alimentos, una mujer muy diligente que había venido de otras tierras, del lado de una región llamada "Los Santos" María Luisa, se encargó de organizar a las mujeres para los oficios de la casa y la cocina, de tal manera que cuando los hombres terminaban su jornada, tenían ya sus alimentos dispuestos. María Luisa era una mujer muy joven, pero muy hermosa e inteligente, amistosa y preocupada por todo el mundo no escatimaba servicio y atendía a todos por igual, grandes pequeños niños, forasteros en fin a cuanta persona la necesitara, lo que hizo que Don Miguel pronto se enamorara de ella y cuando ya todo estaba organizado y sobre ruedas, anunciaron su matrimonio, para el Junio entrante. Una gran fiesta y el primer matrimonio que bendijo el Padre Casimiro, todos fueron padrinos pero los representó Don Patricio que era el terrateniente de "La Ranchería"

El mes de Junio llegó muy pronto. No terminaban de acondicionar las chozas y sus huertas por lo cual únicamente se celebró el matrimonio de Don Miguel y la apertura de los baúles se aplazó para el

24 de Septiembre, día en que le celebrarían por primera vez la gran fiesta de su patrona la Virgen de las Mercedes.

Era de admirar la unión de todas las personas, el respeto, el cuidado con los niños y con los animalitos. Todas las mañanas ordeñaban las cabras y había teteros para los niños primero y el café con leche para las demás personas. Las lluvias de Abril hicieron brotar las primeras yerbas de las verduras, de las habas, de las papas, de las alverjas, las ovejitas ya tenían sus corrales, lo mismo que las cabras, aunque éstas se mantenían en cada choza y se alimentaban con los desperdicios que quedaban de las comidas, tenían que alcanzar para la cabra y para el perrito, la corteza de algunos tubérculos los reclamaban los niños para alimentar sus conejos, en la conejera de la huerta. Tanto el estiércol de las cabras como el de la ovejas y los conejos, era el abono de estas tierras, en extremo fértiles y generosas. Ya era común comer la carne de conejo, pues se habían multiplicado en cantidades y los lugareños apreciaban y arreglaban muy bien su carne y la piel la preparaban para venderla más tarde en los vecindarios, o para hacer utensilios de la casa tales como alpargatas, abriguitos para los niños recién nacidos, para colocar al pié de la cama, en fin les daban muchos usos. No olviden que "La Meseta" había sido levantada a orillas de un paso obligado de arrieros que llevaban mercancía y alimentos de un lugar a otro y que con ellos se podía negociar lo que fuera y venderles no solo la comida sino que se les podía albergar una noche, cuando llegaban tarde y lo mismo alimentar sus mulas, todo eso era ganancia para los recién instalados, los arrieros pagaban bien, lo único que pedían era atención.

Al fin llegaba el anhelado día de la Fiesta de la Virgen y de los baúles. Las mujeres especialmente lucían ropa de colores cuyas telas de florones habían sido traídas por los arrieros, confeccionadas por ellas mismas en máquinas muy rudimentarias, bordadas por sus propias manos o simplemente cortadas por ellas, hechas toda a mano por tan diligentes mujeres. Unas les enseñaban a las otras trabajaron muchos días preparando sus atuendos, y sus baúles.

Todos habían llegado a la placita, cada familia con un poco de mercado y alimentos pues el plan incluía un almuerzo comunitario, hecho por todas las familias y consumido por toda la comunidad. Muchos platos ya venían preparados, pero todos adobados con hierbas y plantas aromáticas naturales.

Las mujeres habían también confeccionado los hermoso ornamentos con los cuales se vestiría el altar de S. Misa y los que luciría ese día el padre Casimiro. Primero asistirían a la Misa, luego a la apertura de los baúles y a su limpieza y posteriormente al almuerzo que prometía una gran frugalidad, dada la variedad de productos que llevaron todos ese día.

La Santa misa empezó muy puntual, todas las mujeres con sus rebozos transparentes y entretejidos, en donde sobresalían grandes ojos negros y vivos, llenos de esperanzas, muchas con su librito de oraciones ya con las hojas amarillas, y su rosario que nunca les faltaba . Casi todas llevaban uno o dos niños de la mano y los jovencitos venían prendidos del canto de las ruanas de sus papás o simplemente a su lado. La celebración fue relativamente corta, como casi todos se habían confesado ya, comulgaron con mucha devoción. No faltaron las miradas indiscretas y comentarios maliciosos, fuera de tema, en el momento de la comunión relacionado con esa mujer hermosa, entre pálida y elegante, de caderas incitantes y ojos llenos de fuego y de sensualidad, que había sido compañera de lecho por unos momentos de placer de algunos de los hombres, que en este instante posaban de muy serios y fieles maridos. La Homilía la fundamentó el predicador en la Epístola de San Pablo cuando invita a los Colosenses a ser generosos, desprendidos de todo bien terrenal y a no atesorar riquezas en la tierra que el moho y la polilla destruye sino en atesorar los bienes celestiales especialmente el del compartir, amar y ser generosos con todos los hermanos sin estar apegados a los bienes materiales. Como en la multiplicación de los panes y los peces, entre más generosos seamos con nuestros hermanos, más alcanza para que podamos vivir a plenitud y en abundancia. Cuando el curita terminó, todos, sin que quedara uno solo, aplaudieron ruidosamente.

Todos salieron de la Iglesia como transformados, con una paz interior increíble y se fueron reuniendo espontáneamente en el centro de la placita. En una de sus esquinas vieron una inmensa luz reflejada en la neblina que se colaba en el lugar y apareció un joven todo vestido de blanco, con un turbante azul al estilo árabe, avanzando muy lentamente hacia el centro donde todos estaban reunidos. Subió la tarima que tenían preparada para los actos y en un lenguaje muy claro, con una voz muy dulce pero firme podríamos decir que reafirmó las palabras del sacerdote:

_ El Señor os envía un saludo muy especial y su complacencia por su presencia en estos lugares que a partir de hoy serán bendecidos por siempre.

En los silencios del joven predicador, solo se oía la respiración emocionada de todo el pueblo.

_ ...La vida tiene sentido, solo en la medida en que sirvamos al otro, las riquezas y los bienes no nos sirven de nada si no los compartimos, si no caminamos de la mano con el indigente, el necesitado, el pobre, no solo de bines materiales sino de espíritu, si no damos todo de nosotros mismos, no de lo que nos sobre sino de lo que el otro necesita, vana será la vida y todo nuestro vivir. Si nos aferramos a las pequeñas cosas, inútiles muchas veces, sólo serán cargas pesada para el camino de la vida, si las cosas materiales nos ahogan moriremos espiritualmente en menos de lo que pensamos, todo lo que no sirva para compartir, debe ser sacado de nuestras vidas. Vuestra grandeza estará en la capacidad que tengáis de entregaros a los demás y en cuento más liviana sea nuestra carga mejor y más fácil será el camino por andar. Menos estorboso, menos gravoso y menos comprometedor con vuestra y natural miseria humana. Desterrad de vosotros la avaricia, que es como una idolatría, el placer mundano, la mentira, la soberbia que provoca la ira de Dios, sed sencillos como palomas. Ved que las flores más hermosas, perfumadas y llenas de colores no saben tejer, ni hilar como vuestras mujeres, y nadie puede competir con la hermosura de una rosa, o de una violeta o de un clavel. Los pajaritos no tienen graneros, los animales no pueden almacenar sus alimentos y sin embargo viven y viven a plenitud en el abandono total al Creador que los colocó en la tierra. Llenaos, eso sí, de misericordia, de paz, de ayuda mutua, de caridad de amor, de humildad, de Fe, entrega a vuestras familias y a la humanidad, llenad vuestro corazón con el perdón y la piedad, buscad por todos estos medio la felicidad que no será esquiva si de veras obras con sinceridad en su búsqueda. ...Dios os bendiga siempre y bendiga su trabajo diario en esta región bendita....

El personaje descendió de la tribuna, se fue caminando muy despacio por el mismo camino de entrada, recogida la túnica, una inmensa nube blanca lo cubrió y al aparecer el sol en su plenitud ya nadie estaba por ningún lado...Al disiparse la nube se fue diluyendo también un enorme letrero hecho con la misma nube...ARCÁNGEL RAFAEL...Todos quedaron estupefactos de tan extraño, misterioso y angelical personaje, al punto que las mujeres, los niños y muchos de lo hombres, rompieron en un llanto incontenible por un buen rato...

Ya todo estaba acordado para la desocupada de los baúles, al salir las familia para la celebraciones, los dejarían a un lado de la puerta, ahora todos los que quedan en la placita empiezan una gran algarabía con timbales y tamboras, sonajeras que previamente habían fabricado, cada pareja , hombre y mujer, los traen y los colocan en el centro de la tribuna y a una señal de tambores todos los abren y empiezan a sacar lo que crean que no les sirve, todo lo inútil. Todos, absolutamente todos traían, grandes, pequeños, de madera, de cuero, forrados en lata, con aldabas gruesas, simples o algunos sin aldabas. Los jóvenes habían extendido en la plataforma de la tribuna unas sábanas que recogerían cuando estuvieran llenas de cachivaches y deshechos, para llevarlos a las carretas que estaban colocadas en cada esquina de la tribuna y de allí serían llevadas cerca del río para ser quemadas en un potrero y poder guardar las cenizas para el abono de la huerta. Un joven apuesto al lado de una muchacha muy bonita, tocó en la trompeta una diana y todos empezaron a desocupar sus baúles. Era realmente un espectáculo ver a los hombres llorando y a las mujeres, por el desprendimiento que estaban haciendo de cositas que siempre las habían acompañado. Empezaron a salir peinetas, peinillas con cabello todavía, bolsitas repletas hasta de piedras del rio, zapatos, chancletas, chinelas, ropas interiores, vestidos, medias, pedazos de lazos, botones, estuches oxidados de agujas, cordones, toda clase de pitas para amarrar, azadones desportillados, palas, machetes...Todo lo que ustedes quieran imaginarse. Hasta unas estatuillas de cerámica muy lindas de santos y muchas fotografías que ya no se sabían de quienes eran los artistas...Los baúles, en su inmensa mayoría quedaron vacíos. Los esposos se abrazaron llenos de felicidad por haberse quitado de encima peso tan grande, nunca más volverían a pensar en todo lo que tenían en esos cajones viejos que votaron también. Los jóvenes cumplieron su misión de llevar y quemar lo que había quedado, pues sacaron unas ropitas para niños, una que otra herramienta, unos martillos y unas picas, unos machetes que no estaban tan desgastados y los regalaron a los arrieros que les devolvieron en gratitud dos mulas y un macho para lo que la colonia necesitara.

En la entrada a "La Meseta" un gran cartel se podía leer:

LA VIDA SÓLO VALE LA PENA VIVIRLA SI:

Si es siempre la Fe, como un faro divino la que ilumina, guía nuestros pasos.

Si tenemos siempre en mente la ayuda a nuestros semejantes.

Si somos administradores y no propietarios

Si siempre vamos por el camino livianos de equipaje.

Si anteponemos las necesidades de los demás a las nuestras.

Si somos y enseñamos a los niños a ser generosos, altruistas, sencillos, siempre dispuestos a perdonar, a no ofender a nadie.

Si nos despojamos de la Envidia, de la Soberbia, de

la Avaricia, del Rencor, del Orgullo, de la Vanidad de las cosas terrenas, de la Impureza del cuerpo y del alma, de la irresponsabilidad...

Si vivimos pendientes de podar todos los brotes de maldad que como seres humanos vayan surgiendo en nuestras vidas.

SI EL BAÚL QUE TODOS LLEVAMOS SOLO ESTÁ LLENO DE VIRTUDES Y CUALIDADES Y NO DE COSAS QUE NUNCA NOS SIRVEN PARA NADA. SI ES ASÍ, PUEDES DESCANSAR EN "LA MESETA "SI NO, SIGUE TU CAMINO Y NO MIRES ATRÁS.

III

DIALOGO CON EL FILOSOFO.

En mis andanzas por los mundos del conocimiento y de la realidad, cualquier día, en cualquier parte hube de encontrarme con un Filósofo. Yo había tenido contacto antes con otros, no solo por medio de las lecturas, sino frente a frente, pero ninguno me había dejado una inquietud tan grande. Me llamaron la atención, me llaman la atención los griegos, los romanos, los fenicios, muchos de los pensadores orientales, antiguos y nuevos, de manera especial los niños y los jóvenes con quienes he compartido toda mi vida. No existe mayor filósofo que un niño. Pero hoy en el encuentro con este hombre, que no vivía en un tonel, a la orilla de una quebrada, con ropas viejas y sucias, sino más bien elegante, radiante de salud y de felicidad, que era capaz de transmitir a mediada que su palabras caían como perlas preciosas de su boca. Se iluminaban sus ojos y todo su rostro era un sol esplendoroso y contagiante.

Pero bueno, sin más preámbulos, algo de curiosidad tuvo que notar en mí y empezamos a departir muy animadamente con cualquier tema, cualquier futilidad, simpleza, palabra…en fin. Se transformó un poco, cambió su expresión un tanto más alegre y expresiva cuando le inquirí si era algún sacerdote, religioso, pastor o algo por es estilo. Estalló en estruendosa carcajada que me hizo ruborizar a pesar de mi piel oscura.

_ No yo no soy nada de eso, le parece?

_ Su manera de hablar es un tanto ministerial y delicada.

_ Bueno eso hace parte de lo que soy.

_ Puedo saber?

_No acostumbro a decirlo muchas veces, pero he recibido el espíritu de los grandes filósofos de la humanidad.

_ Maravilloso, aunque es difícil creerlo. Le dije un tanto turbado.

_ Oigame usted un solo momento.

_ Gracias, soy todo oídos.

_ Cansado de leer, de escudriñar en todos los tratados de la antigüedad, del Medioevo, de la modernidad, encontré pensamientos que se se convertían en maneras de vivir. Era un tipo de filosofía de la vida. En los griegos especialmente, pero muy especial en los grandes pensadores de la Edad Media que pertenecieron a la cúpula de la Iglesia Católica, incluyendo a quienes se separaron y fundaron otras creencias. Los existencialistas también me inclinaron a reflexionar. Cualquier día empecé a caminar y a caminar sin saber qué rumbo tomaba ni para dónde iba.

Al frente mío observé entonces una tabla que decía en letras muy grandes " LA VERDAD, DIFÍCIL, PERO SI LA BUSCAS LA ENCONTRARÁS" Empecé a oir voces por todas partes, risotadas, burlas, aplausos...me volví loco, pensé por un instante...Un hombre, ni alto ni bajo, un tanto famélico me habló : " Vas por buen camino, te vamos a sorprender pues vamos a escoger tu cuerpo, tu mente, tus facultades, para volver a vivir en ti " No entendí muy bien al principio, pero algo muy agradable, una sensación indefinible recorrió todo mi cuerpo. Sentí como si una gota hirviendo se hubiera desprendido de la coronilla de mi cabeza y empezó a descender por toda mi columna vertebral. En ese preciso instante una voz un tanto grave pero muy agradable

: "Te hemos escogido porque tienes todas las condiciones del filósofo moderno, porque eres capaz de conjugar la filosofía como camino de vida, de todos los tiempos. Por esas y por muchas otras razones permítenos entrar en tu espíritu, en tu cuerpo, en tu mente, en tus sentimientos y en tus pensamientos"

Me tuve que sentar pues me sentía muy cansado, mis piernas no daban para más, mis brazos eran un rollo de trapos y mis ojos solo veían muy turbiamente todas las cosas. Por un momento sentí mucho miedo pero una fuerza interior me animaba y me hacía sentir el hombre más fuerte del mundo. Los espíritus de la Filosofía me había poseído.

_ Muy interesante la historia, me tiene conmovido casi hasta las lágrimas.

_ Te puedes imaginar por las que he pasado? Pero bien, ya me he acostumbrado y trato de orientar y de llevar por el camino de la felicidad a todas las personas que me consultan. Porque para eso es la filosofía de la vida, la filosofía de la razón, no es verdad?

Un fuerte abrazo selló esta conversación.

_ Ahora dígame, amigo filósofo, cuál es la mejor manera de vivir.?

_ Muy bien. La vida es la búsqueda de la felicidad, no hay religión ni nada que se oponga a esta razón. Algunos regímenes políticos tratan de destruir la felicidad de sus partidarios y a fe que lo logran, Pero el caso nuestro no es ese. Un anciano de pensamiento muy profundo me ilustró de esta maneras. La vida es el conjunto de tres vasos colocados sobre un tapete dorado y cubierto de pétalos de flores de las más delicadas y perfumadas. El primer vaso está vacío. El segundo vaso se ha venido llenando muy poco a poco, un ser Creador empieza derramando un cántaro sobre el vaso desde el mismo momento de ser engendrados y concebidos en el vientre de nuestra madre, el agua se va vertiendo muy lentamente a medida que avanzan los días, hay momentos en que se enturbia el líquido : los problemas y las dificultades y luego se aclara y purifica, es nuestra voluntad y esfuerzo para hacer las cosas bien, a medida que vamos viviendo se va llenando y transcurridos los años empieza a menguar, en unos casos muy de repente, pero casi siempre muy lentamente, se enturbia y luego al sentirnos agradecidos con lo que hemos recibido, se aclara de nuevo, pero de modo especial cuando hacemos algo por los demás, aún por nosotros mismos. Sobre el vaso una luz permanece en la medida que somos gratos con el Creador, hasta que el vaso queda totalmente vacío y al desaparecer todo el líquido el recipiente se ilumina totalmente o se empaña y dura algún tiempo recobrando su transparencia. Es el premio a los actos de la vida en pro de los demás, el buen uso de la riqueza, el cuidado de la naturaleza, todo el amor que nos hayamos tenido y hayamos entregado. La turbidez permanece mientras recorremos el camino y expiamos los errores antes de la total trascendencia y de presentarnos de nuevo al Creador.

El segundo vaso tiene un gran letrero "VASO DE LA

FELICIDAD" . Vacío totalmente, una voz nos va instruyendo sobre la manera de llenarlo. Es tu sola e íntegra voluntad de hacerlo. Empieza a llenarse cuando aparece en tu mente con la razón, la firme voluntad de ser feliz y de hacer feliz a los otros. Los pequeños actos de la vida, la alegría, la generosidad, el agradecimiento, la compasión, el desapego de las cosas materiales, el servicio, el cuidado de la familia, la convivencia, el perdón, la humildad, lo van llenando en la medida e intensidad con que actuemos en la vida, se mengua cuando pierdes el norte, cuando desconfías del Ser supremo, cuando mientes, cuando haces lo indebido, perjudicas al otro, cuando pierdes la Fe en ti mismo y en lo que crees pero la vida te da la oportunidad de volver a cargar el vaso y de irlo llenando. Se llena en forma paralela con el primer vaso y cuando el primero se vacía totalmente, el segundo se va levantando por los aires e impulsa al primero por el camino que lleve, quien vive feliz, parte feliz.

El tercer vaso es el vaso de la RAZÓN, permanece como a la expectativa, es muy delicado y se rompe con mucha facilidad, pero tiene la propiedad de reconstruirse cuando reconocemos los errores. Este vaso va muy a la par con los otros dos, especialmente con el segundo. Se hace muy fuerte cuando pensamos con rectitud, cuando prevemos las consecuencias de los actos, cuando al deseo lo sigue la razón, la lógica, cuando sabemos diferenciar lo bueno de lo malo y optamos por lo mejor. Cada acto razonable de la vida inyecta cantidad de felicidad en el segundo vaso, aclara el agua turbia del primero. Este vaso se hace muy fuerte cuando reconocemos el error, la sinrazón del otro, la ilustra y trata de corregirla, la tolera pero nunca la comparte, admite al errado, nunca al error. El agua de éste es un tanto aceitosa, expide un aroma extraordinario y le da un valor increíble a los otros dos vasos, pero cuando se rompe ese líquido se riega por todas partes y se torna oscuro y nauseabundo, solo recupera sus valores cuando reconocemos y corregimos lo malo que hemos actuado. El más grave error es explotar la ingenuidad del otro, su debilidad, su impotencia, su necesidad. Veamos en dónde los coloca el Infierno de Dante

"Yo quedo en este empeño,
tú ve a verlos, en tanto contiendo
con el monstruo, pero te recomiendo
que no te esfuerces, todo allí es pequeño,

mezquino y vil. Son los usureros.
Verás colgada a modo de bicheros,
sus bolsas en sus pechos, ¡su tesoro!
Siempre han sido la escoria y el desdoro
de la Humanidad. Para ellos, el progreso
del mundo se mide según el peso
de sus ganancias.

Hijo, Dios creó
al hombre y estableció: "Creced
y poseed la tierra, encended
mi Luz en la materia", y le dio
el mundo. Pero el usurero no
acepta esta Ley. Sacia su sed
en sus cuentas y tiende su red
propia, tan mísero, que hasta lo
desprecia el fraude."(Dante A. Círculos del Infierno.
<u>CANTO XVII · Gerión o el Fraude</u>)

LO "NORMAL " DE LA USURA SE VE EN LA EXPLOTACIÓN

DEL OTRO POR EL DINERO, PERO TAMBIÉN LO ES DARLE

ALGO Y EXIGIRLE MUCHO, PRESTARLE CON INTERÉS DE

RECIBIR MUCHO EN CONTRAPRESTACIÓN, CUALQUIER

TIPO DE SERVICIO...ESO ES USURA TAMBIÉN.

El concepto de la vida del filósofo me ha dejado maravillado, solo podremos ser felices si vivimos lo más livianamente posible, sin cargas, sin recuerdos negativos, sin remordimientos en un plano de perdón y de mirar siempre adelante con lo pies en el suelo. Sin el peso de la culpa.

No nos podemos despedir, me dijo el filósofo, sin antes comentarle que uno de los peores lastres que tiene el ser humano es la retención de los malos recuerdos, de los malos momentos, ellos ya pasaron, nos dejaron una experiencia, ya no existen, no tienen por qué repetirse, ni siquiera en la imaginación.

Otro elemento que atenta contra nuestra felicidad es el caminar lleno de cosas, que no usamos, que si fueron útiles en un momento, ya no lo son, es necesario despojarnos de todo eso, vaciar del alma, del sentimiento, del cerebro todo lo que nos re-- _traiga malos recuerdos, lo que nos amarre a las cosas materiales, los que estorben nuestro caminar. Caminemos con Tony de Melo, ligeros de equipaje.

IV.

EL LASTRE

Algunas veces oímos hablar de El Lastre. Se dice del peso extra que se coloca en los barcos para que éstos entren al agua, hasta determinado nivel. Se utiliza también en los aviones de carga, con la excepción que el lastre puede ser parte de la misma carga que transportan. En caso de una emergencia en el aire, por inconveniente del tiempo, por combustible, los aviones lanzan determinado peso hasta garantizar la estabilidad y la seguridad de aeroplano. El barco se despoja del lastre también en una emergencia, se tira al mar para darle estabilidad al barco y evitar que el agua pueda hundir el navío, el lastre viene a ser en muchos caso un medio de salvación.

Pues bien, muchas veces también nosotros vamos cargados con lastre que nos pueden hacer más libres, que nos pueden dar tranquilidad, si nos despojamos de él. Pero lo importante en este caso es poder identificarlo, ya que no es tan fácil, pues a veces va tan unido a nosotros que es difícil saber si es o no necesario para la vida. Pues bien, se requiere un estado de conciencia claro, un reconocimiento palmo a palmo de nuestra personalidad, aspiraciones, realizaciones, acciones permanentes, actitudes...Entonces sí, iniciar un proceso de tal manera que podamos estar libres de ese lastre y caminar más livianos. Apegos innecesarios a personas, objetos, posiciones, posesiones, posturas sociales, prejuicios, manejo de actitudes egoístas, vanidad y engreimiento personales, vocabulario inadecuado, racismo, fanatismo religioso, consentimiento de sentimientos que nos perjudican en las relaciones con la familia, desprecio por quienes consideramos inferiores, desprecio por quienes han sido heridos en su cuerpo o en su espíritu por la enfermedad, la pobreza, la educación, la formación económica, la casta familiar, las costumbres...

Pero en definitiva, qué significa todo esto? Qué tienen que ver estos lastres con la vida, que el al final es lo que nos interesa, nuestra vida, nuestra felicidad? Nuestra vida es como un lienzo que debemos, es la obligación mantenerlo muy limpio, inmaculado si de veras queremos disfrutarla y aspirar a la felicidad. Esos lastres son como manchas que nos impiden ver con claridad, discernir, optar por lo mejor. Nos entristece, nos hace sentir muy en el fondo, menos, como desafortunados y eso es altamente peligroso. El ánimo, el sentido de la vida siempre debe estar por encima de todo y todos, el buen sentido de vivir, la alegría, son las alas que nos permiten volar alto, libres de ruindades y de la vulgaridad de lo rutinario. El lastre no nos deja volar con tranquilidad, el lastre nos tira hacia abajo, no nos deja levantar la mirada, nos atormentan a veces sin que nos demos cuenta. Son esos remordimientos que tratamos de desechar, pero que sentimos con alguna frecuencia, ese 'Pecado" que no nos hemos perdonado, ese acto indebido de juventud irreflexiva, ese abuso sexual que comedimos con nosotros mismos entre el impulso de nuestros deseos y apetito desordenado, en pleno despertar.

Se relata en la historia de algunos de los monjes tibetanos, personas de gran capacidad de meditación y entrega para la purificación de su cuerpo y de su espíritu, que en una oportunidad fueron destinados dos monjes, de los más piadosos a una misión especial al otro lado del Rio Indo, al llegar a una de sus riberas, encontraron que estaba inundado y que el paso era muy difícil, la opción? Esperar a que las aguas bajaran un poco, lo que en efecto sucedió. Mientras estaban a la espera, dos hermosas mujeres, de luenga cabellera dorada, ojos grandes y expresivos, aparecieron frente a los ojos de los frailes. Un poco conturbados al principio, su capacidad mental les permitió serenarse, pues las jóvenes venían semi desnudas, mostrando todos sus encantos. Ellos guardaban un silencio profundo ente tal belleza de la naturaleza humana. Las jóvenes se acercaron tímidamente a los también jóvenes frailes y les inquirieron:

_ Venimos de lejos, hemos traído estos alimentos y frutas, si quieren tenemos mucho gusto en compartir con ustedes.

_ Agradecemos mucho, respondió el mayor de los frailes, pero por reglamento de nuestro convento no podemos comer nada hasta no llegar a nuestro destino.

_ Estamos muy tristes, continuó la más joven de las mujeres, pues por lo que vemos no podremos pasar el rio, por la furia de sus aguas.

_ Por eso no se preocupen, tengamos un poco más de paciencia y el rio ya bajará su caudal y todos podremos pasar.

En efecto, al poco tiempo el río empezó a amainar su caudal y permitía vadearlo por uno de sus partes más amplias.

_ Nosotros partimos, comentaron los frailes, ustedes pueden pasar más tarde. Debemos llegar pronto a nuestro destino.

_ De ninguna manera, nosotras podemos vadear el rio, dijeron las hermosas jóvenes. ¿Porqué no nos ayudan a pasar y todos podemos continuar el camino? También nosotras debemos llegar antes del anochecer a nuestras casas.

_ Está bien, contestó el más maduro de los frailes.

Las damas empezaron a quitarse la poca ropa que les quedaba, por si se caían al rio, pues no podían continuar con la ropa mojada para llegar a sus casas, hasta quedar totalmente desnudas.

Cada fraile tomó un palo en su mano a manera de bastón, para calcular la profundidad y asegurar que no fueran a resbalar. Se acercaron a una piedra grande de esta orilla y las damas fueron subiendo una en cada uno de ellos, acomodándose en su nuca y cruzando sus piernas sobre el pecho de los monjes. Como eran altos y fornidos y las damas de muy livianas formas, las tomaron con su mano libre, de las piernas y pasaron sin mucha dificultad a la otra orilla. Con sumo cuidado las hicieron descender y ellas muy agradecidas, sin más se despidieron mientras ellos se alejaban muy de prisa. Ya habían caminado un buen trecho, como unos dos kilómetros, se detuvieron para descansar y el más joven le dijo a su hermano:

_ Hermano, nunca vi mujeres más bellas. Siento a esa jovencita sobre mis hombros, me lleno de emociones raras y casi no puedo caminar. Mis manos quieren tocarla de nuevo, alzarla otra vez, sentirla muy cerca y oler el perfume de la frescura de su cuerpo.

_ Cómo, Hermano, hace más de una hora que nos separamos de esas jóvenes y no has podido descargarlas de tu cuerpo?

El joven monje, entendió perfectamente lo que su hermano le quería decir, descartó totalmente esos pensamientos que no lo dejaban caminar y lleno de alegría pudo continuar hablando alegremente con su compañero hasta llegar al convento en donde sus compañeros los esperaban preocupados.

Ese monje, atormentado, se quitó el lastre que llevaba por el recuerdo de las jóvenes y su vida tomó de nuevo el rumbo que debía tomar. Cuántas veces no nos sucede lo mismo? Un bonito recuerdo, pero dañoso a nuestro hogar, a nuestros hijos, nos asalta y si lo consentimos y lo cargamos al hombro, pues pueden llevarnos a un fracaso, a una pérdida imposible de recuperar. Eso hacen los lastres, nos destruyen, destruyen lo bueno que hemos conseguido, lo bueno que hay a alrededor de nosotros. Cuántos sacrificios, ilusiones, deseos de progreso y de grandeza, no se echan a perder por no sabernos desprender a tiempo de los malos recuerdos, son malos así sean de buenos ratos, pero debemos ser muy sensatos e inteligentes para saber desojarnos de todo eso que nos hace mal, que nos hace sentir el peso de la culpa, de lo que no debimos haber hecho, pero que por un deseo, por un momento de placer, o hasta por hacer un bien, como en el caso de los monjes, tiramos todo por a borda.

V.

EL RINCÓN DE SAN ALEJO

Todos tenemos en las casas un cuarto a donde va parar todo lo que no necesitamos de inmediato, digamos que lo que no necesitamos ahora pero que de pronto vamos a necesitar mañana. Un palo viejo, una puntilla usada, un cepillo gastado, un mueble, una lámpara...mil cosas más. Pero lo diciente no es solo eso, es que que una vez llenado ese cuarto, cuando ya no tenemos por dónde pasar, empezamos a subir chécheres al ático, disque para despejar este cuarto. Allá pueden quedar sepultados un año, diez, muchos o hasta siempre. Las personas que trabajan en venta de casas, regalan a sus amigos, vecinos o quien los quiera, cantidades de objetos, muebles, enseres de cocina, relojes viejos, lo que usted quiera, pues el señor dueño de la casa salió de ella y dejó todo lo que no le servía, o parte de lo que no le servía. Cuántos años "guardados "diez, quince, más…Tiempo, espacio, dinero, mano de obra, todo gastado en balde.

Eso no es lo que queremos, la vida camina muy rápido, mucho más de lo que creemos, trabajamos y trabajamos, buscamos recursos, nos alimentamos, descansamos y todo para qué? Para vivir bien, con salud, en una buena parte, con comodidades, es decir, vivir dignamente, como lo merecemos como lo merece la familia. En últimas, buscamos ser felices en esta vida, porque sabemos que siendo felices aquí podemos trascender también a la felicidad que no tiene fin. Todos querámoslo o no, buscamos ser felices, estar contentos, disfrutar de la vida. Ello depende no solo de los recursos, sino de la actitud frente a la vida, a las circunstancia, a los hechos diarios. El que atesora mucho dinero, solo tiene en mente el dinero, los negocios, la plata, no puede ser feliz porque el dinero mal adquirido, mal manejado, es frustrante. El que tiene mucho dinero y no lo sabe utilizar cree que es "Rico "mentiras, si pierde un centavo se muere, si pierde en un negocio así en otro haya ganado mucho, se siente un fracasado, de un solo tizonazo acaba con su ratico de felicidad, si hoy no ganó el dinero que pensaba se considera un frustrado y el fracaso acaba por fracasar al hombre, al ser humano. El que tiene poder cree que es feliz, mentira, al primer desliz, la persona de más confianza lo traiciona y adiós poder, adiós trono, adiós honores. La hermosura produce felicidad na muchas personas, especialmente en las damas, mentira, la hermosura es flor de un día, halagos, regalos, alabanzas, son solo interés, pasó el tiempo y la hermosa es una colección de arrugas, y si no supo manejar su hermosura, la tristeza la invade y la obliga a llorar todos los días frente a los espejos, donde trata de buscar un alivio. El espejo se torna cruel y se acabó tanta hermosura. Ya no eres hermosa, eres fea, como no tiene más valores la frustración y la depresión de la feura la agobian.

Aclaramos con mucho énfasis que nos es malo tener dinero, ser un verdadero rico, ser una mujer hermosa, tener poder…No, de ninguna manera, son dones que de una u otra forma nos hemos ganado, hemos conquistado, trabajando honestamente y con fuerza, somos administradores más que "tenedores" el dinero, la hermosura, el poder, la influencia la colocamos al servicio de los otros, no solo en la medida que el otro lo merece sino en la medida de nuestra propia generosidad y el concepto de los valores en que estemos formados. Qué significa ésto? Que nuestro CUARTO DE SAN ALEJO, está limpio, ese "lugar "es el lugar del egoísmo, pero no para nosotros. Estos elementos no nos traen malos recuerdos, recuerdos crueles, egoístas, todo lo contrario lo que poseemos está a nuestro servicio, el de nuestra familia, el del otro, el necesitado, el pobre, el torpe, el que no tiene las capacidades que nosotros tenemos. Ese es el Cuarto al cual nos referimos, al cuarto del pensamiento, del cerebro, del recuerdo, que da lugar a la avaricia, a la gula, a la envidia, ese cuarto es al que debemos poner mucho cuidado, porque nos puede arruinar la vida, puede convertirse en un aliado poderoso de la mediocridad, de la privación de la felicidad. Nada nos pertenece, la vida es deleznable, pero somos responsables de todo lo que la vida nos ha confiado.

El dinero bien administrado es fuente de satisfacción personal y del otro, el poder es una fuente de organización y de orden para el otro, la hermosura es la respuesta a un don de la naturaleza, del creador que atrae al otro para poderlo servir mejor...Saquemos todo lo que no nos sirva, acabemos con el Cuarto de San Alejo, si queremos vivir descargados, livianos, ágiles, alegres.

Veamos en esta realidad un ejemplo. El garaje de la casa lo hemos convertido en un cementerio de cosas viejas, de "chécheres", todo lo que no sirve, lo que está estorbando dentro de la casa, al garaje. Llega un momento en que ni siquiera podemos salir a la calle por este sitio, pues el mugre y los objetos no nos dejan, entrar menos. No importa que el coche se dañe afuera de la casa, no cabe en el garaje a pesar de haber sido construído para guardarlo, algunos llaman el garaje la cochera, porque es el lugar del coche, pero no, lo necesitamos para guardar enseres ya inservibles...

Una vez identificado este precioso sitio, que con frecuencia a más de una persona le ha arruinado la vida, lo ha atormentado siempre, pues veamos qué podemos hacer. Primero identifiquemos cuáles son los recuerdos, las cosas pasadas, los hechos, las personas que nos han proporcionado algún mal, desilusión, fracaso, mal trato, desprecio, humillación o un simple contratiempo. Todo eso está en un cuartico de San Alejo que todos tenemos incrustado en la Conciencia, cerebro o como dirían los psicoanalistas en el subconsciente. Ante un hecho similar, parecido, brota ese recuerdo inmediatamente, en el desvelo de una noche, en la soledad de una reflexión salta como un conejo en la maraña para distraernos y hacernos daño. Mucho ojo con esto. Nos hemos preguntado alguna vez porqué ese estado de aburrimiento, de enfado, de mal genio sino hay una razón aparente para ello. El pillo salió de su escondite y nos está mortificando, no nos deja en paz…Si yo hubiera actuado de tal o cual manera, si hubiera corrido, si hubiera contestado, si hubiera hecho tal cosa, eso no me había sucedido, no se porqué uno es tan tonto, y dese madera usted mismo, toda la que pueda. Pero porqué razón? No señor, no hay ninguna razón, nada tiene que mortificarlo, nada tiene que distraerlo de sus buenos ratos, de su felicidad, nadie puede perturbar su paz, la paz interior, la paz de su conciencia, eso es sagrado.

Es toda una disciplina, no crea que es fácil, es cuestión de ejercicio permanente, de estar pendiente siempre de nuestra mente, de "la loca de la casa". Los pensamientos que nos amargan, los pasados que nos lastiman, deben desaparecer, por crueles y duros que parezcan, no es que perdonando la persona culpable vaya a cambiar, somos nosotros los que sanamos, los que mantenemos viva la alegría, los que disfrutamos de la presencia del momento, los que no debemos temer a los que venga porque estamos llenos de muy buena energía y de maravillosas experiencias buenas que nos van a abrir caminos de felicidad, de triunfos, de amistades, positivismos. Destruyamos el Cuarto de San Alejo si queremos conocer lo que es la felicidad, destruyamos para construir, antes que una avalancha lo destruya todo, nos destruya y no podemos construir sobre la miseria y sobre el lodo.

VI.

LOS CUATRO CADÁVERES.

La sola palabra "cadáver" nos presenta un paisaje desolador, llanto, cementerio, sala de velación, crematorio, heridas, destrucción, putrefacción, aves carroñeras en bandadas...Muy desagradable, cuando el cadáver es la ausencia de la vida. Pero veamos porqué he resuelto traer esta reflexión . Primero, porque como anteriormente hemos comentado, se hace necesario identificar qué es lo que más pesa en nuestra maleta de viaje, segundo porque nadie quisiera caminar arrastrando un cadáver, matando la sonrisa, lo hermoso de la vida, la alegría del caminar, pues bien empecemos, porque camino escabroso, andarlo pronto...

EL PASADO. Todos tenemos un pasado que hemos sabido por boca de otros, nuestra madre nos cuenta todo lo que la hicimos sufrir en su embarazo, en su nacimiento, la felicidad cuando nos tuvo en sus brazos y nos dió el primer beso...Los hermanos nos recuerdan cómo éramos de niños, traviesos, obedientes, pillos, inteligentes, necios…nos reímos con felicidad de esos tiempos tan bonitos…Luego ya nos empezamos a dar cuenta por nosotros mismos de los actos, de los aciertos, éxitos en los primeros años del banco escolar…

Pero nuestro pasado empieza prácticamente, con el "Uso de la Razón" que ingenuamente nuestros padres, en quienes ya hemos vivido algunos años, empezaba a los siete años. Pobres sicólogos de esos tiempos, pobres profetas de la razón, si ya nosotros, si bien es cierto no sabíamos mucho qué era lo que hacíamos, si era o no bueno, desde que iniciamos a caminar, a decir los primeros balbuceos, ya teníamos noción de la vida. Lo que pasa ahora es que un muchachito que tiene un teléfono en sus manos al año, maneja una Tablet a los dos añitos, se puede comunicar por el computador y todas esas otras cosas maravillosas o no, de la Tecnología, pues es claro que éramos unos estúpidos perfectos a los siete años y muchas veces aún lo somos frente a nuestros modernos teléfonos, videojuegos, qué cosa tan aburrida, pues claro porque no los sabemos manejar, de lo contrario nadie nos quitaría de la consola.

Lo cierto es que una vez adolescentes empezamos a sufrir o a disfrutar la vida, el amor, !Ah, el amor! Se convierte en un verdugo. Empiezan los amores, las decepciones, las novias, el sexo nos aguijonea y hay de nosotros si no estamos bien asesorados y orientados. Muchas veces los grande errores para toda la vida, nos casamos con la primera mujer que se deja manosear, nos maneja con un dedito. El dinero empieza su danza, si lo tenemos lo gastamos sin medida, si no, nos entristece no tener con qué satisfacer un deseo, los amigos, unos maravillosos, otros traidores, burlones, los mayores nos consideran "pobre chino, no es capaz de nada..." Digamos que la adolescencia y la juventud son pasos difíciles que nos presenta la vida. De buenas si aceptamos y salimos adelante, pero si se han cometido errores quedan en la mente, en la memoria "...si yo hubiera sabido...si hubiera pensado un poquito,. Si si. Si no..."y empezamos a cargar muertos de los cuales no sabemos como despojarnos, a medida que avanza el tiempo se van haciendo más pesados y con otro poquito empieza a oler mal, no nos dejan tranquilos, no nos permiten avanzar. De esos muertos se trata, amigo lector, al hoyo con ellos, nada de malos recuerdos, nada de si hubiera podido...Muy delicado, pero la experiencia que todo nos ha dejado, la voluntad, cuando ya hemos madurado un poco y con un buen esfuerzo, debemos proceder a podar, a cortar todo lo que nos impide realmente dar testimonio de la felicidad, es decir dar testimonio de nosotros mismos, de lo que debemos ser. Bien nos invitaba el Papa de los jóvenes, el Papa actual, Francisco, el extraordinario FRANCISCO : "Lo pasado pisado..." Digamos que el pasado es un testimonio de experiencia valioso, pero que debe manejarse solo con el criterio positivo de no repetir los errores.

LAS PREOCUPACIONES. Son como alimañas que se hacen presentes en cada paso de la vida, el fruto de la inseguridad, a veces connatural en el ser humano, son sentimientos que nos hacen creer con frecuencia que no somos capaces de superar alguna dificultad presente, que se nos van a venir encima mil problemas si actúo de tal o cual manera, es la duda del éxito y son las garras del fracaso. Tememos fracasar, porque creemos que el fracaso en un problema y no la oportunidad de hacer las cosas de mejor manera. Llegan la preocupaciones a ser tan intensas, que se meten de lleno en la responsabilidad ineludible del hacer y no nos dejan dormir, ni descansar tranquilos. Todo nos queda mal por la preocupación que tenemos de tal o cual circunstancia que debo cumplir o realizar. Estoy loco, explotamos a veces con ese problemita que tengo, con lo que viene, con es estudio de mis hijos, con el dinero que no tengo para cubrir mis necesidades, con el desprecio de mi amigo, con la pérdida de mi empleo, con mi enfermedad, con mis diarios problemas en el hogar…Nos llegan a enfermar de verdad por su influencia en nuestros somas, no nos dejan ver la solución y menos pensar que en cuanto más se oscurece la noche, más cerca está el amanecer…En muchas personas se centran en el dinero, en la salud, en la comodidad, en la relación humana. Pero si ya lo intenté de esta manera y fue un fracaso, si hice caso a lo que me dijeron, pedí orientación y no hubo poder humano que me sacara adelante, todo fue un fracaso. Ojos con las personas que tienen cierta influencias sobre nosotros, los amigos son un tesoro, pero la verdad que no todos. Algunos hasta son envidiosos y celosos de nuestros triunfos, ojo abierto pues. Otros que todo lo ven mal, que no nos animan a arriesgarnos a dar el salto.

En oportunidades estamos fuera de órbita, no estamos en el espacio ni en momento que nos corresponde, por eso es necesario aprender a ubicarnos en el presente, concentrarnos en lo que estamos haciendo, en lo nos corresponde hacer. Solamente vivimos un tiempo, eso no es invento de los sicólogos, de los predicadores de normas de vida, de los facilitadores, lo que ya pasó que constituyó un pasado, bueno o malo, dependiendo de las circunstancias en que lo hayamos vivido, pero irremediable ya, únicamente histórico que nos puede ayudar a vivir el presente con más fuerza y provecho, con más acierto y menos posibilidades de error. Lo que viene, es solo una posibilidad, indetenible es cierto, pero que con base en un presente bien vivido, bien planeado, será sin duda un futuro de provecho, saludable y benéfico en el pleno sentido del término. No significa que debemos ser unos olvidadizos del bien pasado, no, la gratitud es la virtud del corazón, solo se encuentra en los jardines de las personas nobles y que refuerza nuestro presente y fortalece la amistad de quienes han estado en la lucha con nosotros, ni menos que debemos ser despreocupados, sentados a la vera del camino, esperando el mañana que debe traer su propio afán. No. Es la lógica, el buen sentido, la que nos indica todas las acciones para poder disfrutar a plenitud de la vida sin estorbos, pero sin espejismos que detengan nuestro caminar hacia la felicidad. Recordemos como los Egipcios conocían muy bien el ritmo del tiempo y de las cosechas, en su momento el trigo sobraba, sobreabundaba y era entonces cuando podían llenar sus grandes depósitos porque sabían que venían los tiempos de escasez en los cuales también necesitaban el trigo.

Con alguna frecuencia nos preocupamos por conocer todo lo que está fuera de nosotros, miramos lejos, hacia los otros, hacia la actitudes de otros, y nosotros, en qué quedamos? Primero nosotros, introspección, búsqueda dentro de nosotros mismos de las cualidades, destrezas, capacidades, potencialidades, inteligencia, razón, capacidad de búsqueda de la felicidad, voluntad y una vez descubiertos estos tesoros, tenemos armas suficientes para enfrentar, desde el flanco que no toque, la existencia, con éxito. De ese momento en adelante nos declaramos vencedores y suficientes para vencer todos los problemas y dificultades.

MIEDO AL FUTURO. Una señora amiga mía, muy rozagante por cierto y llena de vida me detuvo un día en medio camino.

_Señor, me dijo, no tengo una persona con quien hablar, aunque vivo rodeada de centenares de gentes, cada uno con su afán y nadie se preocupa de mí, mis hijos se fueron, soy viuda, mis nietos muy de vez en cuando los puedo ver. Ayer era un mujer sin arrugas, llena de vitalidad, mi cabellera negra y aunque me sigo bañando el cabello con agua de romero todos los días, es ahora un cabello blanco como de una anciana. No puedo vivir tranquila pensando en qué será mi futuro, qué será de mí cuando vieja, ya me estoy volviendo vieja.

_No se preocupe, señora, le dije. Qué Quiere usted decir cuando dice "vieja"?

_ Pues vieja, no sabe qué es ser vieja? Que uno ya no sirve para nada.

_Error, le dije mi buena señora, todo lo contrario. La vejez es un cúmulo de experiencias, de sabiduría que el sabio debe aprovechar y el necio respetar. Recuerda quiénes eran los que decidían el destino de los antiguos judíos? Pues el círculo de los ancianos. Un aciano es la persona más respetable que tenga la humanidad. Por otro lado, mi apreciada amiga, hay tres factores, igualmente importantes que nos hacen sentir viejos. La enfermedad, el abandono y el pensamiento negativo de que somos viejos y ya no servimos para nada. La enfermedad es cuestión del cuerpo, desgaste de la materia humana, no descartamos que a veces influye y mucho nuestra manera de pensar sobre nosotros mismos, esos pensamientos negativos de la vida, el "aburrimiento "de vivir, en fin algo que se encarga de destruir dentro de cada uno la vida exuberante que debe haber siempre. El abandono personal, el descuido de nuestra vestimenta, el cuidado del cabello, de la barba, el aseo, nos hacen ver viejos y descuidados, el espejo mismo nos da latigazos cuando nos vemos de esta manera. Un viejito elegante es una persona que despierta admiración, ternura, alegría, en donde brillan los ojos como si estuvieran llenos de de juventud, no importa que se presenten las normales disminuciones corporales normales de los años, el agua, la presunción, el deseo de estar siempre bien, son factores que elevan nuestro nivel de vida, frente a nosotros y frente a los demás y los pensamientos negativos y pesimistas, este factor es mortal, nos llena de tedio, del aburrimiento, nos declara inservibles para todo, nos impide vivir la alegría del envejecimientos, que es una de las mejores etapas de la vida, cuando le damos el enfoque que la vejez se merece. Todos queremos tener a nuestra madre aunque sea un viejita que no puede hacer nada, un padre, así esté abuelito y no pueda hacer tantas cosas como la hacía cuando estábamos jóvenes. El pensamiento positivo nos libra de la enfermedad, nos permite disfrutar de las personas con quienes vivimos, a quienes amamos, así que debemos estar muy pendientes de estos elementos para poder tener una vida feliz y una mejor ancianidad.

_ Gracias, amigo, me hace usted sentir mucho mejor, me tengo que proponer, me propongo ser una persona muy positiva y se que con este cambio, dejaré de pensar en que pronto seré una viejita. Que mi pasado ya quedó atrás y que estoy viviendo el futuro que soñé.

EL PECADO. Podríamos decir Pecado, hablando estrictamente en un sentido religioso, pero resulta que pecado, no solo tiene un sentido religioso sino natural y práctico. Pecar es quebrantar la ley, natural o la ley que permite la organización social, pecar es no respetar las normas de la convivencia, pecar es robar lo material o lo que le pertenece espiritualmente al otro, es difamar, es engañarlo, es aprovecharse de sus incapacidades o de nuestra viveza para hacerle el mal, es perjudicar al otro y si ese perjuicio es grande, se convierte en un lastre que nos va a atormentar toda la vida. Pecar es avasallar al otro, es perder el derecho que teníamos a tener el aprecio, el favor del otro, el derecho de compartir con el otro, puede ser el quebrantamiento de las normas que nos perjudican como la beodez, el placer desordenado, la maledicencia, que no solo destruye al otro, nos destruye a nosotros mismos, la envidia que envenena el espíritu, el odio que destruye los buenos sentimientos, el desprecio por el otro que nos rebaja a lo más bajo, el orgullo que nos transforma en seres mentirosos con nosotros mismos, la gula que destruye el organismo, la avaricia que envenena el alma y despierta la sed de tener pero de no poder disponer de lo que se tiene, que nos lleva a despreciar al que no tiene, sin percatarse que somos seres en camino, de paso y que somos solo administradores y que dependiendo del uso que hagamos de los bienes, se dará la satisfacción y la felicidad que merecemos.

La avaricia es uno de los grandes pecados contra nosotros, nos destruye, nos materializa, nos lleva a límites inesperados, pues nada nos satisface, no es lo suficiente para sentirnos bien. "El que más tiene, más quiere…" reza el refrán popular, es la corrupción de la riqueza, es la subyugación de lo necesario a lo innecesario. Cuando se habla en el Evangelio que los ricos no entrarán en el Reino de los cielos, que es más fácil que un camello (cuerda muy gruesa) pase por el ojo de una aguja, que un rico entre en los Reinos de los Cielos, no significa que los ricos no tengan el derecho a la salvación, a ser dignos de la presencia de Dios, de ir al cielo pues todos fuimos redimidos, con la misma sangre del cordero, ricos y pobres. Se refiere a ese tipo de ricos que consiguen mal la riqueza, trafican con la necesidad del otro, con el vicio, lavan dinero sucio, empobrecen a la sociedad con tal de poseer más dinero, más propiedades, Esos ricos son unos "pobres ricos " subyugados por la avaricia y la ambición. Hay muchos ricos que son ejemplo de generosidad, distribuyen sus riqueza, mantienen fundaciones en beneficio de otros, contribuyen con obras de beneficencia, están atentos a las necesidades de sus hermanos, entonces el dinero adquiere una verdadera dimensión, ayuda a quien lo posee, a su familia, a los suyos pero también a las personas que lo rodean.

Una persona con estos cuatro cadáveres a cuestas no puede vivir, eso está muy claro, se desespera, sus frutos son siempre amargos y siempre destruyen en lugar de construir. Hace entonces esta situación que estemos vigilantes, que liberemos nuestra conciencia, nuestro cuerpo y espíritu de estas lacras y veremos el camino iluminado y amplio para ir en busca de la felicidad. Con esta podredumbre a cuestas solo los carroñeros están a nuestro lado, los caminos se hacen oscuros, la humanidad es un estorbo en la búsqueda de la felicidad, que al final debe ser nuestro propósito y nuestra meta. No temamos, dar el paso de despojarnos de todo esto, tengamos la seguridad que nuestra vida cambiará totalmente si tomamos el camino del servicio, del perdón, si nos proponemos vivir a plenitud el presente, a construir el actual, el hoy, la realidad que vivimos y nos abandonamos en el Ser superior que todo lo provee, que solo necesita nuestra colaboración para hacer de nuestra vida lo que debe ser, encontraremos el camino correcto para vivir en paz, en concordia y en concordancia con los grandes principios del hombre que debe ser hecho para el hombre y poder ser superior a todos los seres de la naturaleza.

VII.

DONDE ESTÁ TU TESORO, AHÍ ESTÁ TU CORAZÓN

Vemos con frecuencia la vida, de dos maneras. Una sucesión de hechos, de fenómenos que se transforman en actos o maneras de vivir, un camino qué recorrer o ya recorrido, aflicciones, dolores, sinsabores o satisfacciones y realizaciones y otra el transcurrir tranquilo de los días, cada uno con su afán, a veces con metas definidas, otras con despreocupación, como algo que tiene que terminar algún día sin que haya compromiso personal de ninguna naturaleza. Constituir una familia, educar unos hijos, no importa que nosotros no nos hayamos educado o no nos hayan educado, es decir no nos hayan enseñado a vivir. De acuerdo? Bueno lo de la Educación es un decir, pues vemos que muchas veces se confunde Educación con haber ido a los mejores colegios, pasado por las mejores universidades, haber tenido los mejores maestros del mundo. Haber acumulado muchas cosas en la cabeza, sírvanos o no...He ahí el problema. Porqué problema. Porque las cosas cambian, cambia la mentalidad, cambian las metas, cambian los quehaceres del hombre, cambia su pensamiento. Los Japoneses hoy por ejemplo, piensan que la mente humana no debe tener tantas y tantas cosas, que vale más por decir algo, ser disciplinado, puntual que ser sabio, atrevida la afirmación pero real y práctica. La vida no está hecha para caminar llenos de cargas, de estorbos, debemos ir livianos, casi de poder volar. Las aves no llevan alimentos, abrigos, agua, nada, todo lo van encontrando en el camino, pero no pueden disfrutar más que de su libertad, no pueden valorar todo lo que la naturaleza les ofrece. . Nada envidiable dada nuestra naturaleza humana que puede disfrutar de toda la naturaleza, saborearla, vivirla, sentirla, creada para ser feliz en enseñorearse de todo lo que existe bajo el sol, eso porque es orden divina, además. Pero esa libertad, esa liviandad de espíritu, solo nos la puede dar la razón, para poder caminar de prisa pero sin afán...Dios, la naturaleza nos dan beneficios con los cuales disfrutamos mucho, vivimos a plenitud, pero lastimosamente nada es eterno, todo pasa, todo se agota. Qué nos queda? La satisfacción de haber disfrutado o el pesar de haber desperdiciado, pues bien, debemos quedarnos con la satisfacción del disfrute y desechar el pesar por el desperdicio. La S. Escritura tiene un personaje extraordinario, el Profeta Job, riquezas sin límites, tierras, ganados, fincas, ropa, propiedades por todas partes, familia muy hermosa, hijos, amigos, todo lo que la vida nos puede ofrecer de los mejor. De pronto se murió su hijo primogénito, se fueron muriendo sus animales, empezando por los terneros cebados, fue perdiendo sus propiedades, una a una, el hogar se le vino a pique y ya anciano quedó totalmente solo, ah, pero faltaba algo. Una úlcera lo cubrió de la cabeza a los pies, fue víctima de una clase de lepra que lo llevó casi a la muerte. En los ratos de lucidez repetía, Dios me dio todo, Dios todo me lo quitó. Dios no da todo, ni quita nada, nos ayuda a conseguir las cosas, la manera de vivir, lo que perdemos lo perdemos por inercia, pereza, descuido, malos negocios, no culpemos a Dios de estas cosas que Él tiene muchas otras que hacer, nunca nos perjudicaría, solo vela y nos fortalece para las cosas buena, las que nos convienen, en nosotros está aprovechar o desperdiciar. Con el Tiempo, con la infinita paciencia y la confianza que siempre tuvo en Dios, se empezó a recuperar, a trabajar las tierras, a cuidar animales y volvió a ser el hombre poderoso que antes de su enfermedad era. Ese es el Job que todos debemos llevar en el alma, escondidito pero resuelto a salir adelante, con la confianza en Dios, pero con la fe en nosotros mismos.

Una vida que se vive solamente porque no hay otra manera, no es vida, es un transcurrir del tiempo con nosotros a cuestas. La vida es una infinidad de detalles, minuto a minuto, especialmente de convivencia, esa convivencia debe ser amena, agradable, como y uno de los factores que la incomoda son los pensamientos cargados de negativismo, de pasados oscuros o claros, pero pasados. No es en vano decir que la vida es un presente y entre más claro, mas intenso sea ese presente, de mayor calidad será. El pasado son las experiencias, el futuro el acierto que tengamos para disfrutar del presente, esos detalles de la vida que nos hacen vivir, disfrutar, son los que debemos recordar con emoción porque nos dan fuerza, porque nos animan y empoderan el crecimiento del alma, el cariño y la entrega con los que compartimos con el otro, colocado a nuestro lado al fin y al cabo para que sea el soporte principal de los actos y para que podamos cumplir con ese mandamiento sagrado del amor, de la ayuda, del ser el uno para el otro, de recibir y de dar comprensión afecto, vida...Ese detalle nos puede llevar a la felicidad, pues no hay algo más hermoso que que un acto que le permite al otro progresar, sonreír, ser él mismo.

¿Somos lo que tenemos? O ¿ Somos lo que pensamos?. Existen ambas clases de personas, por pensar de alguna manera. Quienes piensan que son lo que tienen, se engríen de sus haberes, todo su valor está en lo que tienen, propiedades, dinero, amistades, clubes...pero son ciegos y no se dan cuenta que ellos no tienen nada, que las cosas, las propiedades, los clubes, el dinero, los tienen a ellos, no disfrutan por su avaricia, no se dan gustos no viven a comodidad porque piensan que se agotan sus tenencias. A veces esa manera de pensar cobija también a los sabios que nada saben, a los seudointelectuales, a los que creen tener el hado de la sabiduría en las manos, cuando el verdadero sabio es realmente el que puede decir "Solo se que nada se" y entrega su sabiduría sin intereses, sin egoísmos. Otras gentes piensan lo segundo, son lo que las razón les indica, se entregan al servicio porque en ellos no existe el egoísmo, piensan en la trascendencia y son conscientes de estar de paso por el planeta y que su vida es solo un momento que pasa más rápido de lo que se cree, es por eso por lo cual se debe hacer el bien, proyectarse en bien de los demás.

Solo andando libres, caminando sin apegos, podemos ir tras la felicidad. Esta no es solo un requerimiento que debemos tener, es una obligación, pero no llega espontáneamente, se esconde, hay que buscarla. Dónde? . Me comentaba un ángel que el creador al momento de crear al hombre tuvo un gran problema. Debía dotar al hombre de felicidad, pero en dónde la pondría? En el fondo del mar? Es muy inteligente y curioso. Un día va organizar expediciones al fondo del mar y la descubre muy fácil. En lo más alto del universo? Es un gran aventurero, es investigador. Cualquier día inventa viajes al espacio y la descubre. En el seno de la roca? Es ambicioso y un día va a buscar minerales preciosos y la encuentra...

Ya sé en dónde. El hombres siempre está mirando a su alrededor, hacia fuera, casi nunca se concentra en sí mismo, en su valores, en su capacidades, la colocaré en el corazón de cada uno y así lo hizo. La felicidad desde entonces mora en el fondo de cada uno, solo si escudriñamos en el fondo del alma, del corazón la vamos a encontrar y entonces será un nuevo vivir, un nuevo amanecer un nuevo y verdadero transcurrir de la vida. Pero qué es en realidad? Es la alegría del deber cumplido, del correcto uso de los sentidos, del buen trato a los otros, de la buena administración de los bienes que nos han sido confiados, el cuidado personal, de la familia, del Medio Ambiente, del sentido de trascendencia, de la ayuda mutua, de la justicia, del trabajo, del amor, es la satisfacción del deber cumplido. Es obligación descubrirla y disfrutarla como Dios, nuestro Creador quiere. Es algo similar a la salud. Si construimos salud, si prodigamos cuidados, atenciones al cuerpo tendremos como resultado una buena salud, pero no podemos estar sanos si abusamos del placer, de la bebida, de la comida, del vicio. Las cosas fueron dadas para disfrutarlas, pero no para abusar de ellas. Hay medicinas para el dolor de cabeza, pero si abusamos de esa medicina, resultamos intoxicados, no es la medicina la que nos intoxica, somos nosotros mismos por descuidados y abusivos.

Muchas personas creen que conseguir la felicidad es privarse de todo lo que le mundo ofrece. Pues bien, veamos este ejemplo. Una niña muy graciosa por cierto, buena madre, buena esposa, pero un poco descuidada con su salud, fue diagnosticada diabética. En lugar de cuidarse y estudiar sobre la enfermedad se angustió toda y al ver que no podía seguir siendo desordenada en su comida, en los abusos de sus gustos, optó por comer muy poco o no comer en absoluto, por miedo a que su glucosa se subiera demasiado y al poco tiempo murió, no por su diabetes, sino por inanición. No, todo lo contrario, la felicidad es disfrutar en la justa medida de todos los bienes que el Creador ha puesto en la naturaleza. "De todos los frutos podéis comer...menos de éste..." Recordemos, somos creados para enseñorearnos de todo lo hay en la tierra, pero dentro de las medidas establecidas por la misma naturaleza. Somos Señores, pero no podemos abusar de la autoridad y del poder que nos fue dado. Las privaciones a las que libremente nos sometemos, no deben ser cargas, sino disciplina del vivir. Lo que sucede con frecuencia es que nos dejamos alienar por determinado elemento, llámese dinero, poder hermosura, virtudes, cualidades y esa alienación en lugar de ser un camino a la felicidad, es un obstáculo y muy fuerte por cierto. Qué es alienarse, dejarse alienar. Es como si ese elemento nos tomara y nos encasillara en un talego, nos encerrara en cuatro paredes y no nos dejara mirar para ningún otro lado, creyendo que eso el lo máximo que no existe nada más valioso en el mundo, en el universo, eso es estar alienado. Por lo tanto una persona alienada, un alma alienada nunca puede ser feliz. La alienación silencia el alma, la distrae, como distrae la conciencia para que no lo moleste, o diríamos en un lenguaje más coloquial, para que no le remuerda la conciencia, mejor no pensamos en eso, mejor no digamos, no hagamos nada, ya con eso silenciamos nuestra conciencia y el impulso fuerte a ser felices.

En búsqueda de los necesario. En ese preciso momento es cuando se hace necesario dar un paso definido en búsqueda de lo que somos, de lo que debemos ser, buscando:

- LA COMODIDAD. Si no nos ponemos cómodos cuando llega la noche, por más cansados que estemos, no podremos descansar, no podremos dormir. Si no disponemos de una buena vivienda, al alcance de nuestras capacidades no podremos tener ni ofrecer a la familia un sitio digno en donde se desarrollen las facultades del ser humano, donde se vea favorecido el espíritu de amor y de familiaridad que debe existir entre nuestros más inmediatos seres, más inmediatos " el otro" de quien hemos hablado. Si no poseemos un vehículo que nos permita transportarnos, difícilmente podremos tener acceso oportuno al trabajo que nos provee las necesidades vitales, que nos permita incluso transportar a quien no dispone de esta comodidad. Si no tratamos de adquirir la vestimenta adecuada para compartir en sociedad, difícilmente tendremos acceso a ella, si no comemos adecuadamente, no podremos disponer de la salud que necesitamos para sentirnos bien. Es decir, estamos obligados a buscar la comodidad, ya que la comodidad no nos busca. Estando nosotros cómodos, podemos servir mejor.

- SATISFACCIÓN DE NECESIDADES. Satisfacer las necesidades propias personales , las de la familia, es casi un mandato obligatorio, hay que buscar la manera de hacerlo y de procurarlo. Sin las necesidades primarias satisfechas, nos volvemos resentidos, perdemos estabilidad, tiempo, hasta el humor propio de la buena vida.

+ CONSTRUIR DÍA A DÍA EL CAMINO. "Caminante no hay camino, se hace camino al andar..." creo haber escuchado una canción que repite este aforismo. Nada más cierto, cada paso debe ser un avance en la apertura del camino, además no vamos solos, muchos vienen detrás de nosotros y si encuentran un camino despejado, podrán ellos mismos construir su propio camino. Construir el camino de cada día es vivir el momento, no necesitamos un autopista de una vez, es el camino por donde tengo que pasar hoy, por el cual debo llevar a mi hogar, a mis hijos, a mis amigos. No pedimos en el "Padre Nuestro" que el Padre nos de el pan de una semana, o de un mes, no. "Dadnos HOY nuestro pan de **Cada día** "

+ UNA BÚSQUEDA NECESARIA, ineludible es la reparación de las faltas cometidas, aquí no opera "lo pasado pisado " del Papa Francisco, es una excepción, es la confirmación de la regla, las deudas contraídas hay que pagarlas, deudas con nosotros, con la familia con el otro, física o morales. Morales como el ejemplo, los malos comportamientos anteriores deben ser expiados, el perdón los limpia y el propósito de no repetirlos nos purifica. Las deudas físicas objetos, dineros, est. Tienen un tratamiento diferente de acuerdo al sentimiento y formación de prestamista o prestador, mejor, porque las deudas no siempre son de dinero. El cobrador que presta y cobra con usura y cuando va a cobrar tienen que pagarle y si no embarga, quita, se queda con la prenda, toca pagarle como sea, el comprensivo, bueno pero no se le olvide, tan pronto pueda no deje de cubrirme la deuda. Ese ha prestado y lo reconoce, cuando el hermano tenía una necesidad y le dio buena función a lo prestado, el otro es un avariento, un explotador, usurero...No le importa el otro, solo su dinero, lo suyo. El otro que se las arregle. Nadie puede estar limpio de deudas, siempre le debemos algo a alguien, esa deuda por insignificante se debe cubrir, porque con esa intención solicitamos el préstamo.

Conozco a un "Gran" empresario prestamista, usurero además, que presta dinero para pequeños negocios bajo prenda que garantice la deuda. Cualquier día uno de los que le había pedido prestado el dinero, no pudo pagar a tiempo. Le embargó una camioneta con la cual trabajaba, a escondidas la secuestró y la llevó con grúa a un parqueadero de sus compinches. El pobre deudor tuvo que saltar matones, al fin consiguió el dinero para pagar la grúa, el parqueo, ponerse al día con la deuda, los intereses y mucho más. No alcanzaron a pasar tres meses cuando supe que los ladrones le habían sacado gran cantidad de dinero del banco.

✦ LA RESPONSABILIDAD CON LA FAMILIA, es un aspecto muy importante obligatorio de cumplir además así nos toque sacrificarnos, luchar, buscar, la familia está en primer orden y no podemos eludir ninguno de los compromisos adquiridos con este grupo al que me he comprometido a entregarme y a llevar de la mano por el camino que todos vamos contrayendo. Si es la familia la célula de la sociedad, yo soy el centro de esa célula que tengo que alimentar y ayudar a crecer.

Cuando sentimos el alma libre de ataduras innecesarias, de lastres, de estorbos es cuando podemos caminar en libertad, avanzar sin temores, con seguridad de estar contrayendo un camino por donde pueda yo y mis congéneres transitar y moverme con independencia y con éxito, con éxito especialmente, es cuando me reconozco que estoy vivo, que soy alguien que puede servir a la humanidad, que puede conquistar y dar valores y ser un ejemplo de vida y de felicidad para el otro.

Fijar una meta, establecer prioridades en tu vida, buscar un lugar para amar, para entregar el corazón, creer en alguien superior, mirar siempre adelante con optimismo pero sin desesperación, ir construyendo, armando la felicidad a medida que se vive y allí, solo allí estará tu corazón. Porque DONDE ESTA TU TESORO, ESTARÁ TU CORAZÓN.

VIII.

EL REMORDIMIENTO.

Una acción en sí misma, es el acto que realizamos con conciencia plena o obnubilados por la pasión, el engaño, la falta de previsión o la seguridad de acertar. Empecemos diciendo que todos nuestros movimientos, todo lo que hacemos son acciones que nos corresponden por naturaleza, incluso las palabras o los juicios que emitimos dentro del desarrollo cotidiano de la vida. Se inician con el Uso de la Razón, como tratamos de exponer en otro lugar de este contenido, en donde unas veces impera el uso y otras la razón. Aquí podemos colocar lo que hacemos por puro impulso de la naturaleza, lo meramente animal, lo irracional muchas veces, lo que solo obedece a la satisfacción pasajera de un deseo, de un querer espontáneo y pasajero también, de aquello que no mide consecuencias, no eso no nos importa, lo que importa es hacer lo que queremos ahora. Estas acciones es lo que podemos llamar, "malas acciones". Malas porque no conducen a nada duradero, a nada proyectado, a nada bueno, que constituyen lo que podríamos llamar "malos recuerdos" No quiero acordarme de esas cosas, solemos decir, pero nos atormentan. Quitar lo que no nos pertenece, causarle daño a un semejante aprovechando su inexperiencia, su incapacidad, su falta de condiciones para defenderse, engañar, sobornar, abusar de la inexperiencia de un menor, de un ignorante o de una persona corta de espíritu. Difamar, decir mentiras con el propósito de defendernos de algo que hicimos mal, abusar de la amistad de quien desinteresadamente confía en nosotros, no devolver dinero u objetos que en un momento fueron la solución de un problema y que un amigo o cualquier persona nos proporcionó, el desagradecimiento, la ingratitud, el olvido de las buenas acciones de otra persona en nuestro beneficio, como cuando alguna persona nos enseña a hacer algo, a pensar, a resolver los problemas, los odios, los resquemores, el racismo, el fanatismo, el descuido del Medio Ambiente, los daños a la ecología, el maltrato a los animales, los malos ejemplos y una lista de cosas que se salen de la lógica y que perjudican al otro. Trata de agregar y completar esta lista, con base en tu propio accionar.

No podemos dejar al margen aquellos actos
productos de una falsa "Autoridad" Si una autoridad
da una orden lesiva, dañina, no estamos obligados
en conciencia a cumplirla. Si en uso de la autoridad
ordenamos a los dependientes, hijos o esposa,
debemos pedir perdón y quienes reciben la orden
no están obligados, doblemente culpables si
obligamos a cumplir. El abuso de autoridad tiene
una doble connotación en cuanto se violenta la
voluntad del subordinado y le le obliga a hacer algo
indebido, se violenta la integridad del otro. Cuando
el hombre justo, entra en reflexión, estos actos son
motivos de un profundo remordimiento que le quita
la paz y la tranquilidad.

Las malas acciones, siempre, no casi siempre,
siempre causan remordimiento, especialmente en
personas honestas, rectas que en un momento dado
fallaron. Su recuerdo es un tormento y lo más
grave es que a veces no se pueden remediar, de
todas maneras se debe buscar la forma de borrar
esas culpas, si no se puede directamente buscando

el perdón, proponernos firmemente no volver por esos caminos nunca. Como ya lo dijimos, la inconsecuencia, la ingenuidad, la falta de experiencia, la falta de malicia, desgraciadamente nos llevan con frecuencia a esas faltas. Si persisten en la conciencia, es necesario olvidarlas, tratar de no recordarlas nunca y ponerlas en manos de quien superior a nuestro ser puede dar solución con la enmienda del comportamiento.

Otro elemento no menos importante, objeto de remordimiento es todo aquello que hemos debido hacer en un momento dado, que era bueno y necesario hacerlo, que nos aportaría un gran beneficio y que nunca lo hicimos. Pero porqué fui tan torpe, nos repetimos, bloqueando la conciencia, y no lo hice? Qué me pasó? Nunca he debido dejar pasar ese momento...Huy, perdí esa oportunidad, no va a regresar...

E insistimos en este postulado perdiendo la tranquilidad y la calma del espíritu. Lo que debimos hacer y no lo hicimos si es conveniente resulta en una nueva oportunidad, pues el cerebro es muy fuerte, el pensamiento es un dardo que busca, penetra y llega a la realidad, y cuando menos lo pensemos esa misma oportunidad, si la buscamos sin desesperarnos, aparece y la podemos realizar con más tranquilidad y eficacia. Hay entonces razón de preocuparnos tanto? No, no la hay.

Pensamientos mal direccionados, bajan la autoestima, ese sentimiento que nos hace sentir inteligentes, fuertes, llenos de valores, capaces de vencer al mundo por el flanco que nos ataque, la capacidad que está dentro de nosotros que nos hace no solo luchadores sino vencedores, creadores, dueños de nosotros mismos y de todo lo que nos rodea de cuanto gravita y de lo cual somos el centro. Una persona con una autoestima elevada nunca fracasa, porque cada fracaso lo convierte en un motivo de seguir adelante, de pronto por otro mejor camino, quien tiene la autoestima elevada, en un buen nivel es siempre optimista, nunca es un perdedor, un derrotado, no, es un hombre, una mujer, una persona siempre victoriosa, humilde en el triunfo y grande en la derrota. Los remordimientos, los malos recuerdos son como un navaja que va cortando los retoños que van saliendo en el tallo de un arbolito muy delicado y precioso, disminuyen la personalidad, la apocan, la indisponen, la acomplejan. Crean complejos que llevamos y que con frecuencia no somos capaces de reconocer , menos de derrotar. No hay nada más destructivo que la baja de la autoestima. La persona cree que no sirve para nada, que todo lo que hace y todo lo que piensa, todo lo que propone es malo, no sirve para nada. Mejor no opino, mejor no hago, mejor no pienso, puesto que todo me sale mal, no soy capaz de nada...Es casi un crimen con uno mismo esta manera de pensar, es la autodestrucción, porque es como una gota mínima de agua pero que golpea y cae constante sobre una gran piedra y termina por romperla. No olvidemos que la mente es todo un poder, que la mente es poderosa, capaz de todo, de levantarnos y de postrarnos, dependiendo de los motivos que le demos y de los estímulos que pongamos para desarrollar su potencia y su energía.

El más humilde de los seres humanos, es una cantera de valores, con capacidad de servir, de brillar con luz propia, Todos los seres humanos están llenos de valores, unos que traemos connaturalmente y otros adquiridos de acuerdo al medio en que nos levantemos, de la cultura que nos rodea, desarrollamos los sentidos de tal manera que nos podamos servir a plenitud de ellos y de servir con ellos a los demás. No todos los seres humanos tienen los mismos valores, unos los cultivan más, los multiplican, otros no tanto, se conforman con lo que tienen buenamente. Esa una de las razones por las cuales tenemos seres humanos con capacidad para la música, para degustar las letras y la poesía, para danzar, para practicar determinado deporte. Las olimpíadas no son otra cosa que estimular estos valores deportivos en la humanidad. Los concursos que tienen que ver con la tecnología y la ciencia, de la misma manera simulan la creatividad, descubren grandes "Valores" entre los hombres. Unos se pueden expresar con mucha facilidad, pero otros pueden construir un automóvil ante el asombro de quienes lo utilizan, unos manejan con mucha utilidad los recursos económicos y los multiplican, otros avanzan incontenible mente por los caminos de a tecnología, todos tenemos grandes, grandes valores, solo tenemos que descubrirlos, utilizarlos en bien de los otros, disfrutarlos y reconocerlos en cada uno de los individuo, lo cual nos permite apreciarlos, ayudarlos, sentirnos orgullosos de pertenecer a ese género humano de grandeza y de fuerza. Es por eso que el desprecio es un crimen, es un signo muy marcado de ignorancia.

El rio por donde navegamos tiene rápidos, riberas muy lindas, lianas que entorpecen el camino, animales salvajes, pero peces que sirven a nuestra alimentación así como serpientes y peligros. Todos debemos saber navegar por él, en un buen barco o en un esquife, pero en algo que nos de seguridad, confianza, es más que nos de alegría, es decir que podamos casi ser una sola cosa nuestro barco y nosotros. Al viajar, nos internamos en la noche, noches tormentosas a veces, oscuras, vientos, truenos...La voluntad tiene que superar todos esos peligros so pena de zozobrar y perecer en cualquier parte del camino. Si en esa tormenta olvidamos las playas hermosas de ese rio, sus aguas límpidas en algún sitio del recorrido, la exuberancia de sus pastos y árboles de sus orillas, caemos en una zona oscura del alma que obnubila el pensamiento, el deseo de vivir , de continuar viviendo, nos tira fuertemente a abandonar el esfuerzo, a conformarnos y a abandonar la búsqueda de la felicidad, que por nada del mundo y sus temores debe desaparecer de la vista. Si nos creemos incapaces de vivir en algún momento, estamos entregando las armas, colocándonos al lado del enemigo, mostrando la cobardía de los hombres sin ilusiones, sin fe, indignos de continuar navegando. Pero no, en ese momento es cuando deben aflorar los valores reales, es cuando se debe demostrar el deseo de triunfar, de asidos al otro avanzar por en medio de las dificultades, del viento, del fuerte oleaje, de la dificultad. Es cuando el hombre pone a prueba su valores, su capacidad de lucha, la oscuridad es el lado opuesto a la luz, es el momento de buscarla, de perseguirla y de encontrarla. Esa gran antorcha ilumina todo a nuestro alrededor, se llama "VALORES HUMANOS" mientras más cultivados estén más intensa la llama que quema todo lo malo y alumbra el camino, destruyendo las tinieblas y abriendo el camino, ese rio por donde tenemos que navegar seguros de llegar a feliz puerto. Nada de bajar la guardia en momentos difíciles, es fácil decirlo, hacerlo es un tanto duro, costoso a veces, pero resulta siempre en un magnífico triunfo que nos llena de alegría y nos permite avanzar mucho en el camino a la felicidad. En la lucha se forjan los grandes caracteres, pero la victoria es el dulce sabor solo de quienes son capaces de conseguirla, los cobardes se consumen en su ignorancia y en su misma incapacidad.

Nunca nos preguntemos: Porqué me sale esto mal, todo me sale mal? Usted mismo es el responsable, inconsciente o conscientemente, por la improvisación, por la ignorancia, por la falta de planeación de sus actos, no se queje, afronte, revise y adelante, no se quede llorando la leche derramada a la orilla del camino, quienes lo vean se pueden burlar de usted. Si nos sentamos, nos detenemos un momento a revisar estas circunstancias, no tardamos mucho en encontrar las respuestas, sin olvidar que todo fracaso para nosotros debe ser el camino y un motivo de nuevos triunfos.

Algo muy importante se mueve dentro de cada uno. Es lo que conocemos como fuerza interior, voluntad firme, deseo de vencer, de salir adelante frente a la dificultad. No alcanzamos a dimensionar el perder de esa fuerza, no podemos calcular los efectos que puede producir, es incontenible, es solucionadora, es un poderoso aliciente que llevamos todos en el alma y que que tan solo debemos saber, o aprender a manejar. Se oye por todas partes "EL PODER DE LA MENTE ES INCONMENSURABLE ". Llamémosla mente, voluntad, decisión, sentido común, fuerza interior, fuerza mental...es un algo que nos levanta por encima de todo, que nos permite mirar desde arriba todas nuestras acciones, que nos permite escoger con seguridad los caminos por donde debemos caminar a pie firme, es poder de la mente es el que nos permite CREAR "muchas cosas," pero no nace espontáneamente, no se da silvestre, es necesario, sembrarla, cultivarla, cuidarla, acariciarla y ejercitarla en cada acto de la vida hasta hacerla incontenible, imposible de detener y de destruir. La mente es creadora pero destructora también. Ella crea porvenires, pero es capaz de destruir pasados oscuros, errores pasados, lastres de conciencia que nos atormentan, hechos indebidos de la vida pasada, rompe cadenas, empuja rio abajo los troncos que detienen la corriente, detiene el agua en las represas que benefician la riqueza del alma, pero destruye compuertas que no permiten la libre circulación de la energía, del ascenso, del bien.

Qué bueno que toda la humanidad estuviera consciente de la fuerza suficiente de su voluntad para el bien, para el amor, para el servicio, pero vemos en la realidad que no es así. Unos son buenos y otros malos, unos hacen y otros destruyen, unos son sabios otros ignorantes, unos aman otros odian...es la ley de los opuestos, en nosotros también opera, lo que pasa es que nosotros somos reflexivos, razonables, justos y logramos darle el valor que cada persona, cada objeto tiene, naturalmente si nos lo proponemos, si dejamos que todo pase, entramos en el grupo de la mediocridad responsable de todos males del mundo. El mundo es un conjunto de cosas buenas y de cosas malas, así como los hay malos hombres, los hay muy buenos, compasivos, estudiosos, atentos, hermanables...Eso no tiene nada de raro, lo que si es muy raro es que dejemos que el malo triunfe, no digamos el malo, la maldad, el malo siempre es susceptible de mejorar, de ser bueno de pronto con nuestra ayuda y ahí es donde quiero caer en estas líneas. No somos sabios, no somos todopoderosos, invencibles, somos seres humanos frágiles y débiles en muchos flancos, pero buscamos quien ayude nuestra flaqueza, nos hacemos fuertes, si buscamos y encontramos quien nos oriente, nos ayude, salimos fácilmente adelante, lo importante es saber buscar y saber encontrar al amigo, pero eso debemos tener muy claro que es lo que queremos, en qué deseamos que nos ayuden, o en qué podemos ayudar. No sólamente se recibe ayuda del otro sino que también se recibe cuando se da con voluntad, con inteligencia, con entrega. La ayuda tiene que ser oportuna, tanto al darla como al recibirla, se debe ser consciente cuando se necesita para mí o para el otro. Estar en qué clase de ayuda. Los libros, las experiencias de los otros, el ejemplo de quien ha superado la dificultad, la política, la religión, la fe, el amor, son elementos importantes en la ayuda. La más valiosa es la que damos a los otros seres humanos o la que recibimos de ellos, por eso la necesidad de tener un concepto muy claro de lo que es el valor de la amistad, del amigo, de la familia, dos caminos muy importantes, básicos en ese proceso de la ayuda. Feliz de recibir la ayuda, grato, amable pero mucho más cuando tenemos la oportunidad de darla. Casi deberíamos tener programadas una acciones, muy definidas para dar ayuda a otros. Es fundamental, vital, beneficioso para nosotros porque solo ayudando al otro podemos conseguir la felicidad de ayudar. Las dádivas con el corazón, el consejo, una simple sonrisa, un abrazo, una condolencia, un estoy con usted, no tenemos ni idea de la longitud que puede alcanzar.

Hay algo muy grave, que quiero destacar como elemento perturbador del recuerdo y de la vida misma. EL EGOÍSMO. Es el apego, el aprecio exagerado, una autoestima mal interpretada hacia uno mismo, todo es mío, yo soy el centro de todo, todo tiene que girar teniéndome a mí como centro. Después de mi no sigue nada...Sueno casi ridículo, no muy común pero punto negro de muchas personas. Miremos con detenida atención esta rima del poeta de los niños, don, el ilustre RAFAEL POMBO, en su mejor poema didáctico

LA NARIZ Y LOS OJOS

Púsose la nariz mal humorada
Y dijo a los dos ojos:
"Ya me tienen ustedes jorobada
Cargando los anteojos."

"'Para mí no se han hecho.
Que los sude El que por ellos mira";
Y diciendo y haciendo se sacude,
Y a la calle los tira.

Su dueño sigue andando, y como es miope,
Da un tropezón, y cae,
Y la nariz aplástase... Y del tope
A los ojos sustrae.

Sirviendo a los demás frecuentemente
Se sirve uno a sí mismo;
Y siempre cuesta caro el imprudente.
Selvático egoísmo.

Es casi connatural al hombre, de su naturaleza frágil y humana, pero susceptible de modificar de acuerdo a la formación y al concepto que nos vamos formando de la vida, en donde todos, en mayor o menor grado, necesitamos de todos. Recomendaría también leer el "El Emilio " de Rousseau para entender mejor la influencia del medio y de lo que tenemos que hacer para podernos acomodar a los otros, pues al fin y al cabo nadie es solo, nadie se satisface solo, nadie, ni el más ermitaño vive solo, así se meta en el tonel de Diógenes. El Egoísmo, además de frustrar la vida, nos torna desconfiados, temerosos de todo y de todos, arruina los pensamientos de altruismo que florecen en cada uno, destruyen el gran germen de la hermandad que debe existir entre todos lo miembros del género, del Medio Ambiente, de los animales, todo lo que nos rodea y de los cual podemos disponer con libertad pero con gran responsabilidad, somos dueños de todo lo que hay en el mundo, o no?

Podemos manejar todo al derredor nuestro, o no?. Claro que sí, somos reyes, somos los reyes declarados de la Creación, pero debemos serlo también del compartir y de la total responsabilidad conjunta para construir y reconstruir. Todo se logra con el altruismo, con la entrega, con el servicio, pero se hace necesario destruir todo vestigio de egoísmo que hay dentro y alrededor de nosotros, teniendo en cuenta que no se puede rechazar al egoísta sino a su egoísmo.

No estaría conforme si terminara sin traer a colación algo que se escribe con diáfana claridad en la S. Escritura con relación al otro, a la autoridad, al desprecio por el otro. Pues bien, un segundo comandante, digámoslo de esta manera que no es el de la Escritura, odiaba a sus mismos paisanos, los judíos que confesaban a Jesús y quienes propalaban la idea de que era el Mesías. Decían los sumos sacerdotes, qué cuento del Mesías, hijo de un carpintero, viste una túnica vieja, sandalias descompuestas, no tiene ni en dónde dormir, ni qué comer, todo tienen que darle, eso puede ser Mesías, Dios enviado ? Nunca. Es más sus amigos unos pobres pescadores, harapientos y sucios, no, eso no puede ser el Mesías. Quienes así lo afirman son nuestros enemigos y hay que exterminarlos. Un buen día nuestro segundo comandante, cogió un pobre judío que proclamaba el nombre de Jesús como el Mesías, lo mandó llevar a la cárcel, lo hizo desnudar, ordenó que lo ataran a un cepo y él mismo lo golpeó, le dio de látigos hasta que sus brazos rendidos no le dieron más fuerza. Como nada hay oculto bajo el sol, un chicuelo a través de una pequeña ventana, vio a Jairo azotando al judío, fue tan cruel y duro el impacto, que el chico corrió a buscar a la hija de Jairo, a quien su padre adoraba y cuidaba mucho, le contó lo sucedido y de este momento en adelante la niña inocente, que amaba también al extremo a su padre, no quiso volver a saber de él nada y podríamos decir que empezó a odiarlo al saber que su propio padre, era un hombre cruel con los mismos de su raza. El dolor hizo que la niña enfermara y enfermara de gravedad. El mismo Jairo había sido testigo oculto de los milagros de Jesús. El día menos pensado, este verdugo recibe la noticia de que su hija había muerto, lo atormentaba el hecho de que la niña no le había vuelto a manifestar ninguna muestra de cariño. El hecho de los azotes, la ingratitud de su hija, eran un puñal en el alma, un remordimiento un reato de conciencia que no le permitían ni conciliar el sueño, menos desempeñar su trabajo. Se acordó entonces del Galileo, por quien había azotado a su paisano, recordó con diáfana claridad los milagros de Jesús, que él mismo había presenciado y no tuvo otro remedio que pensar en pedir perdón y suplicarle que sanara a su hija, que le devolviera la vida. Lo buscó por donde sabía que debía pasar, sabía que le era difícil acercarse pues ya muchos lo conocían pero más fuerte que todo eso, era el pesar de ver a su hija muerta y de saber que nunca la podría volver a ver. Cuando sintió la multitud que aclamaba al Mesías, se abrió paso entre las gentes, pidiendo perdón y aclamando a Jesús, pudo al fin llegar, se postraba a sus pies y le suplicaba bañado en lágrimas que le perdonara y que sanara a su hija, le devolviera la vida pues había muerto. Jesús lo miraba con infinita misericordia y lo invitó que lo llevara a su casa, Jairo sin dudar un momento así lo hizo. "La niña no está muerta, sino que duerme…" Hizo salir a todos del cuarto en donde velaban a la hermosa criatura, solo quedaron sus padres con Jesús, se acercó en actitud de oración al Padre y le dijo: " Talitá Cum, Levántate…" La niña se incorporó y Jesús la entregó a sus padres…

IX.

UN CAMINAR SEGURO, SIN SOMBRAS A LA ESPALDA.

No era muy grande, pequeña tampoco, un tamaño normal, digámoslo de alguna manera, pero debía haber estado en alguna prestigiosa universidad porque hablaba precioso y su expresión no dejaba nada que desear.

_ De dónde vienes, llena de telarañas y de suciedad.

_De un festín, estaba reunida con muchas, pero muchas cucarachas y cucarachos muy interesantes.

_ En algún club?

_ En el mejor de todos, en una caneca de la basura. Nada menos ni nada más.

_ Lo más interesante, que unas cucarachas, parecían drogadas, no hicieron otra cosa que recordar todas las veces que se habían escapado de los venenos que le colocaban los humanos, de las garras de los gatos juguetones, de las gallinas hambrientas, en fin de todos los peligros que habían sorteado en la vida y de la cual se sentían orgullosas de haber podido salir. No te imaginas las cosas tan terribles que contó y lloraba de acordarse de tales cosas, hasta el punto de decirnos que esos recuerdos no la dejaban vagar tranquila por las cañerías y por todos los lugares sucios que frecuentamos.

_ Siempre lo mismo?

_ No, tres amigas salieron dispuestas a vencer o a morir. Unos cucarachos las habían ofendido y los estaban buscando por todas las cloacas para destruirlos, pero destrozarlos pedazo a pedazo. Sus ojos se exorbitaban y votaban llamas cuando hablaban de la venganza que debían tomar. Pensaban asociarse hasta con el gato, con sicarios, con bandas criminales para vengar todo el mal que esos infernales enemigos les habían hecho. Todos las aplaudían, esa si era una actitud de una cucaracha valiente. Parecían poseídas por el demonio de la venganza, desfiguradas, sus patas peladas y ya no tenían puntas sino una especie de callos de tanto buscar la manera de vengarse. Muchas maldiciones y palabrotas ociosas proferían con cada frase que pronunciaban...Salí como destrozada de ese lugar...

Muy buena lección me ha dejado esta horrible cucaracha. Primero, los malos recuerdos, la venganza y las palabras ofensivas y groseras, son como un depósito que transportamos nosotros en una caneca de basura, nos convierten en una caneca sucia y desagradable en donde pueden reunirse todas las porquerías que uno pueda imaginarse. Los deseos de venganza, nos destruyen, destruyen la pureza del alma, no nos dejan ver los agradable, lo bueno de la vida, nos deforman interiormente y a veces hasta físicamente. Hay quienes dicen que "la venganza es dulce..." nada más contradictorio, la venganza es propia de la ruindad, de la amargura, de la incapacidad del perdón, de la incomprensión y de de la miseria. Todo lo que pueda causar daño a los otros, nos causa daño, todo lo que deseamos en mal del otro, se nos devuelve como un boomerang, las palabras ociosas toman posición en el cerebro y pueden actuar en contra de quien las pronuncia. Esta lección de la cucaracha horrible y asquerosa nunca debe tocar el alma de una persona noble, sensiblemente humana y de una persona que sea respetuosa de los demás y que sea respetable por los otros.

Todos debemos disponer de un cofre precioso, ojalá a la vista siempre que sea como el aliciente de nuestros actos buenos, de todo lo bonito que hayamos tenido en la vida, por donde hayamos pasado y que nos haya llenado de alegría. Debe ser diferente a un recipiente de guardar basurillas y recuerdos tristes. Todas nuestras esposas lo tienen, guardan su anillo de grado, su joyita más fina, el regalito que les dimos antes de casarse, los aretico más lindos del mundo, el premio medalla del colegio...Para eso es un cofre. Para guardar en él las cosas que nos han hecho muy felices, no se trata de amontonar cosas que no se usan. No señor. Un anillo de bodas, un recuerdo de la Primera Comunión, del Matrimonio...una joyita que tenemos en el cofre previene que la perdamos en el diario trasegar, ese recuerdo del colegio, no se repite nunca y lo amamos entrañablemente. No sirve para nada. Error, nos alegra la vida, nos hace sentir que tuvimos una vida muy bonita y llena de frutos en el colegio, nos acaricia muy delicadamente el sentimiento, es muy útil, lo necesitamos de vez en cuando, aún cuando nos asalte la tristeza, cuando a mitad del camino aparezca la tragedia, el pesar...Son el recuerdos de los compromisos cumplidos, acciones humanas realizadas , imágenes familiares, lugares hermosos que hemos visitado...

Los seres humanos nos movemos con mucha frecuencia a base de impulsos, unos buenos y realizables, otros no tanto, eso nos obliga a estar vigilantes, expectantes, atentos para que nos levanten, nos den ánimo de vida y no se conviertan en un lastre que lastime nuestra existencia. La naturaleza humana, creemos así, es propensa al error," errar es humano " decimos, pero no, la mayoría de los deseos son altruistas, la nobleza de vida que llevamos nos obliga a pensar y a desear con altura, por encima de la miseria humana, la mayoría de los deseos son buenos, si analizamos en la soledad de una reflexión encontramos sorpresas como esta, por eso tan útil y tan recomendable la reflexión personal, frecuente y sistemática.

Nos lleva a descubrir valores en los cuales a veces no habíamos creído. Estamos llenos de impulsos, a los cuales no hemos respondido como deberíamos. Los que debemos tener más en cuenta son aquellos que nos llevan a prestar un servicio, a dar una ayuda oportuna, dar no es solo cosas materiales, es una palabra, es un estímulo, es una felicitación es un te quiero. "Si no vives para servir, no sirves para vivir." Es como demasiado duro, pero tomémosla con cariño y tiene mucho de verdad, porque vivir no es solo respirar, caminar, vivir es compartir a plenitud lo que hacemos pensamos con el otro. Esa ha de ser constante, siempre la actitud, estar del lado del otro, familia, amigo, desprotegido, miserable, defectuoso inútil, cualquier condición en que el ser humano se encuentre. Tenemos ejemplos maravillosos de personas que han dado su vida, entregado su vida, que lo han hecho y que lo están haciendo hoy, en los hospitales, leprosorios, hogares infantiles, clínicas psiquiátricas, lugares de tercera edad, iglesias, congregaciones, misiones especiales. No podemos cerrar los ojos y decir que no hay gentes malas, las hay, pero los buenos somos más. La actitud es la de estar siempre en disposición de DAR, eso nos permite cumplir la misión para la cual fuimos colocados en la tierra, y colocados en grupo, no individualmente, nos obliga a darnos a los demás, sin olvidar jamás que muchas veces es más importante una palabra que un mendrugo de pan, un abrazo con una moneda, un apretón de manos que una limosna. Darnos es por lo menos tener la intención de no reservarse nada, de darlo todo. Cuentan del gran Alberto, llamado el magno, adinerado, inteligente, con todas las comodidades de la época, un poco desjuiciado al principio de su vida, andante en su brioso corcel, cualquier día de lluvias, de nieves y de invierno cruel, hubo de encontrarse con un pordiosero, casi desnudo que le pedía caridad. El gran Alberto descendió de su potro, se quitó la capa, tomó la espada y partió en dos su valiosa capa con filetes de oro y él mismo arropó al harapiento, depositó en su mano algunas monedas y partió de nuevo.

No hace muchos días, una maestra salió a dar una vuelta con su pequeñines, de ocho y nueve años, de su salón de clase de la primaria. Todos los niños llevaban su pasabocas para la hora del descanso y cuando la maestra les indicara un sitio en donde todos reunidos y tranquilamente sentaditos, pudieran consumirlo. En su paseo, visitaron una catedral, en donde un niño se quedó muy impresionado mirando una estatua de san lázaro, en donde un perrito le lamía una herida de su pierna y el santo daba algo de comer a un necesitado. En la puerta de la catedral, un hombre mal vestido, harapiento les suplicaba a los transeúntes "una limosna, por amor a Dios..." El niño, sin pensarlo dos veces, sin el permiso de nadie, se acercó le dio un abrazo al pordiosero y le entregó sus onces, regresó sonriente al grupo que lo miraba con inquietud. Porqué hiciste eso, Manuelito, inquirió un tanto seria la maestra. Ahora qué vas a comer , cuando los otros niños se sienten a tomar sus onces? Alguno de mis amigos me dará algo, pero yo no podía pasar de largo viendo con hambre al pobre hombre que pedía algo de comer. Yo como todo lo que quiero en la casa y a la hora que quiero, por lo tanto me siento feliz de lo que hice. Lo felicito, Manuelito, no te preocupes, yo te doy de mis onces y tratando de alzar al infante con los brazos, puso un beso en su frente.

No es solo dar, es sentirnos felices de dar, es darle ese alivio a la conciencia de haber hecho algo bueno a favor de quien lo necesita. Amar lo que hacemos, es desprendernos con toda generosidad, es amar a la persona a quien le damos, pero los que recibimos somos nosotros que nos llenamos de satisfacción. Dar con amor, es recibir en la plenitud del corazón.

Insistimos en que dar, no es entregar a otro lo que no nos sirve, si no nos sirve a nosotros, a nadie, es de lo bueno que tenemos, de lo que puede llenar la necesidad del otros, eso es dar. Lo inútil, a la caneca, a la basura. Sin ninguna dilación, no sea que nos arrepintamos y sigamos cargando las cosas que estorban nuestro caminar.

Entre lo que debemos dar con toda generosidad, hay algo que os enaltece. Que es difícil porque todos tenemos un orgullo personal infundado, que nos hace mirar por encima de las otras personas, que nos levanta como seres superiores, engreídos de nada, de nuestra miseria será. El PERDÓN, no es tan fácil perdonar a quien no ha robado, lastimado, ofendido, despreciado, hablado mal , por decir lo menor...El Príncipe del Perdón nos dice que debemos perdonar, siete veces siete, que si nos golpean en una mejilla, que demos la otra...Parece fácil decirlo, cierto? Pero qué difícil...Vivir el

Perdón es una gracia especial que Dios nos da, pero hay que pedirla...

Hemos borrado el tablero, pero aparecen a veces algunas cosas bonitas que son recuerdos, sentimientos, deseos que se dieron en un momento dado, tomémoslas por un momento, pero recuerda, "Lo pasado pisado " Qué sabio este Francisco.

Creemos, de todas maneras que es importante en una actitud de "presente" crear condiciones de vida, es decir, para vivir y vivir bien en paz y en éxito con uno mismo. Para ésto lo primero, ponerle cuidado a " la loca de la casa" como la llamó algún entendido, a la imaginación, a la mente, a ese ser volátil que habita dentro de cada uno y que es incontrolable en ocasiones. Si controlamos la mente, estamos manejando el todo que hay en cada uno. Sentimientos, palabras, actos, cuerpo, espíritu, salud, todo lo que podamos considerar que tenemos, al mismo tiempo, la capacidad para proyectar las acciones, los deseos, las aspiraciones. Una mente controlada es el arma más poderosa que pueda haber en cada uno, capaz de destruir todo y de volverlo a construir, se requiere un poquito de entrenamiento, como en todo, ejercicio, pero solo quienes han podido controlarla, pueden decir lo que tenemos en la mano. Recordemos que los cerebros más desarrollados solo utilizaron el diez por ciento (10%) de su capacidad mental. Está muy claro que no se aprende a vivir basados en códigos, Pénsumes de las más prestigiosas universidades, Oxford, Harvard, Institute of Massachusetts, en las más famosas que estudiamos, en los prestigiosos colegios colombianos y del mundo. La única manera es viviendo. No quiero decir que las experiencias propias y ajenas no nos orienten, pero no nos sirven para vivir, porque la vida es la mía, la que vivo, la que quiero vivir, la que quiero proyectar. Solo se aprende, reitero viviéndola. Todos remamos en el mismo barco, en la misma dirección pero el remo es de cada uno, no de todos, el éxito? La armonía que haya en el momento de avanzar, el movimiento armónico que hagamos al mover el remo. Todo esto implica el fortalecimiento del espíritu, del alma, de eso que nos mueve hacia la diferencia con los animales, con los demás seres vivos, fortaleza que nos lleva a estar centrados en el presente, un presente sin pasados amargos, con futuros de éxitos pero elaborados hoy, ya, en este momento. Si no se sueña, no se alcanza lo que se quiere, es relativamente cierto, soñar no quiere decir dormirse pensando en lo que ha de venir, honores, riqueza, amistades, placeres, bienestar, es el proyectar y hacer lo que tenemos que hacer ya.

Con la fortaleza del espíritu necesitamos un cuerpo fuerte, que resista los embates de la enfermedad, del cansancio, de la pereza, enemiga uno "A "de todo lo que nos rodea, de todo lo que queremos hacer. El elemento físico no solo se logra con un buen ejercicio, con una excelente y sabia alimentación, una disciplinada manera de vivir solos y en sociedad, en alejamiento de los excesos, de los vicios, del abuso que hacemos del cuerpo. Un cuerpo sano está gobernado en su totalidad por la voluntad, mi cuerpo es un potro, si lo dejo se desboca y me lleva al abismo, vemos a cada rato ejemplos en artistas, intelectuales, hombres de negocios, arruinados por el vicio, el juego los placeres incontrolados, pero si controlamos ese potro indómito llegamos a la cima con el estandarte de la victoria. Quiere decir que debemos buscar la comodidad física en la medida de la razón, es una obligación estar bien, vivir bien, comer bien, beber bien, divertirnos bien, eso hace feliz al hombre disciplinado y a los demás, familia, amigos, sociedad.

Finalmente lo que queremos es caminar seguros, con un camino lleno de luz, lleno de señales que nos orienten, sonidos que nos guíen, cantos que levanten el espíritu, colores que alegren la vida, con una familia que nos admire y nos acepte, que acoja razonablemente nuestras indicaciones, que nos mire como a un paradigma digno de todas formas de imitar y seguir. Para eso es necesario quitar todos los estorbos, telarañas del pasado, pensamientos no claros, objetos, recuerdos, personas, acciones, todo lo que pueda quitarnos el placer de vivir dignamente, con dignidad, con alegría y con éxito como lo merecemos. Vale la pena, si que lo vale, pero vivir bien, con el alma despejada y con el cuerpo ansioso de llegar al triunfo. Adelante tenemos la luz que nos guía por ese camino, atrás la sombra que nos impide avanzar.

Camina hacia la luz, pero hazlo ya, después puede ser tarde, disfruta de este día tan hermoso, soleado o lluvioso, después es de noche, come ese manjar ahora, después se puede agriar, disfruta de tu salud ahora, después puedes enfermar. Quien ahorra para tener dinero mañana, es un des desconfiado de sí mismo, de sus capacidades, las cosas viejas llenan tu mente y te impiden disfrutar de las cosas nuevas, lo que ya no tiene brillo, deséchalo, disfruta de lo nuevo. La vida es una actitud, no te prives de tomarla en serio, ya, después será tarde. Quien no disfruta ya es un desconfiado de sí mismo de sus capacidades. Ama profundamente la actitud del presente, de hacerlo hoy, ya. En el espacio la naturaleza ha formado algo que los científicos llaman los "Hoyos Negros" todo lo que se acerca, basuras, desperdicios de astros, pedazos de planetas que han perdido la órbita, los engulle el "Hoyo negro " No dejes formar esos hoyos en tu alma, crea vacíos de bienestar, de tal manera que la prosperidad encuentre en dónde depositarse, la prosperidad empieza ya, mantén tu espíritu alerta no sea que las basuras, los malos recuerdos, el después le impidan entrar en ti. Ama con pasión lo que estás haciendo hoy y asume esa actitud de presente siempre.

X

CADENAS COMO ESPOSAS

Estos dos amigos, lo habían sido desde tiempos de infancia, siempre compartieron sus planes, siempre estuvieron pendientes el uno del otro, tuvieron sus amigas, disfrutaron de buenos tragos, pero nunca se casaron, uno porque era muy independiente en su forma de vivir y el otro porque consideraba que era una carga económica que no podía soportar ni tolerar. Uno bastante sedentario temía que al moverse gastaría mucho dinero y viajero y aventurero el otro conocía casi todo el mundo, era un delirio descubrir, visitar tierras nuevas, probar manjares de otras partes, visitar museos, saber de la historia de la humanidad, pero mejor vivirla, como solía hacerlo con alguna frecuencia. Le fascinaban las ropas exóticas de los orientales, disfrutaba oir los idiomas indios, conocer los grandes ríos, los océano inmensos, los desiertos, las costumbres, los viejos palacios de los egipcios, las inmensas selvas americanas, las montañas de los Andes, era casi un aventurero que había venido acumulando por sus viajes una basta cultura. El otro amigo se dedicaba solo a fabricar fortuna, sin tener metas definidas de su vida, le importaba acumular y acumular, rara vez se daba un gusto, un paseo, siempre llegaba a los hoteles más baratos, el transporte más económico, se privaba de muchas cosa buenas de la vida como comidas, nunca probó una vianda que tuviera precios elevados como él decía, aguantaba la sed si tenía que pagar por el agua.

Pues bien, cualquier día se encontraron el par de amigos, que a pesar de tener gustos tan distintos, conceptos tan diferentes de la vida, acordaron realizar un viaje alrededor del mundo, el uno entusiasmado por las maravillas que el amigo viajero le contaba. Hizo, el amigo económico, un presupuesto muy a la carrera, de acuerdo con las experiencias de su amigo y determinaron darle la vuelta al mundo, Un mes sería suficiente para preparar todo y se tomarían unos cinco en realizar su viaje, ya que no tenían mucha prisa para regresar, familia, ocupación, nada urgente por hacer. Doroteo hizo cuentas a parte de sus gastos, tuvo mucho cuidado en dejar bien guardado lo que dejaría y en un baúl viejo, pero de esos baúles que nunca se acaban, recogió las monedas de oro antiguas, un lote de esmeraldas "gota de aceite" que había comprado, tal vez robadas, a un transeúnte muy baratas y de excelente calidad, según el joyero del pueblo, quien minuciosamente y con gran admiración examinó. Eran piedras de millones. Anillos, plaquetas de oro, un lingote, unos diamantes muy finos, comprados a un africano viajero que se quedó sin dinero en este país y los vendió extremadamente económicos, como el 90% por debajo del precio real. Luego que hubo terminado rellenar el baúl se dijo: Esto no lo puedo dejar por ahí, de pronto alguna persona me ha espiado, viene y se roba todo, me deja en la ruina, en la miseria. Este baúl era solo parte de su fortuna. Qué pensará el amigo si lo llevo? Nifer se enojaría conmigo si me ve cargando este tesoro? Claro que yo no le digo qué es lo que llevo, pero él se va a suponer. De todas manera no puedo dejar eso en estos lados, tengo que estar pendiente. Seguro voy a pagar algo, pero no importa esta vez tengo que ser generoso conmigo mismo. En una gran maleta acomodó ropa muy fina que tenía, sin usar, zapatos 10 pares de la marcas más reconocidas, su máquina de afeitar y dos repuestos con buen número de cuchillas por si algo fallaba, tres pares de chancletas, una docena de pantalones, diez y seis camisas, tres pares de medias, seis franelillas por si hacía mucho calor, todo un ropero en su enorme maleta.

Nifer pasó por Doroteo, según lo convenido, para llevarlo al aeropuerto, tuvieron que demorar en su casa por el equipaje, Nifer solo llevaba una pequeña maleta son su poca ropa y un maletín de mano.

_ Qué tanto lleva, Doroteo, piensas que vamos a durar unos diez años en el viaje?

_ Únicamente lo indispensable, se apresuró a contestar

_ Y ese baulote qué contiene, Doroteo ?

_ Es algo, Nifer, algo que no puedo dejar, usted me conoce.

_ Pero vamos a bregar mucho con eso tan grande, y la maleta? Bueno no importa, siempre encontraremos quien nos ayude.

_ Lo pensé dos veces, Nifer, gracias por su comprensión, seguro no te voy a incomodar.

Partirían en avión hasta los límites del desierto, los dos amigotes y allí tomaría los camellos que necesitaran para que los guiara y transportaran el equipaje.

Esta primera parte fue muy agradable, muy buena atención a bordo, solo que Doroteo se veía muy preocupado, no podía disfrutar el vuelo, mientras que Nifer viajaba relajado y entusiasmado por el viaje que emprendía con su mejor amigo.

_ Qué hermoso paisaje, Nifer, nunca me imaginaba tal cosa. Y esos animales tan hermosos. Pueden atravesar el desierto sin problemas?

_ Sin ningún problema, Doroteo, antes eran grandes caravanas de camellos por el desierto, ahora ya no tanto porque han cambiado los medios de transporte y además porque había ladrones que asaltaban las caravanas y les quitaban todo. El otro problema que a veces se presenta son las tormentas de arena.

_ Y eso qué es?

_ Se forman remolinos de viento en el desierto y el aire caliente que está en la superficie quiere subir, entonces se forman las tormentas y arrastran cantidad de arena que a veces tapa las caravanas, forma montes completos de arena. Pero confiando en Dios, no en esta época, es cuando hace mucho calor y estos días parece que están frescos, dentro de lo que puede llamarse fresco, unos noventa y dos grados F.

_ No tendrá peligro mi equipaje, especialmente el baúl?

_ No, confiemos que no, te vas a dar cuenta Doroteo lo admirable que es el desierto.

Sin más preámbulos partieron los amigos. Mientras conversaban los dueños de los camellos y los baquianos, dispusieron todo, amarraron bien el baúl de Doroteo, especialmente dado los ruegos de que lo hicieran bien seguro, lo mismo que su maleta. Tres camellos para los viajeros, dos guías y un camello disponible por alguna emergencia, esa era la caravana.

Doroteo estaba aterrado de la belleza del paisaje, pero no dejaba de mirar al camello que llevaba su baúl, su tesoro, estaba pegado a su alma y era su mayor preocupación que nunca lo dejó en paz. Por el contrario Nifer, no dejaba de contar historias del desierto, de los espejismos, de los oasis, en fin. De pronto, después de muchas horas Doroteo vio un sitio lleno de palmas, un gran lago, un sitio ideal para descansar, tomar agua y refrescarse un poco. Siguieron andando y como nunca llegaban preguntó:

_ Nifer, qué pasa que hace rato estoy viendo un sitio muy hermoso para descansar, lleno de lagos y palmeras, y nunca llegamos?

_ Nada de preocuparse por eso, lo que pasa es que llevamos muchas horas de camino y uno se cansa, el calor, la arena y empieza a ver lo que llaman los espejismos, sitios como el que estás viendo, pero que en realidad no existen. Pero según los guías, muy pronto, un poco más entrada la noche, llegaremos a un oasis especial, que es un abrevadero para los camellos, podemos bañarnos, descansar, comer tranquilamente algo de lo que llevamos, dormir y luego ellos nos dicen a qué horas debemos emprender la marcha de nuevo.

Todo sucedió tal y como Doroteo lo había dicho, el hambre ya nos hacía efecto, el calor y el aire lleno de arena que azotaba la cara, nos tenían fastidiados, además a veces Doroteo perdía de vista el camellos que llevaba su tesoro y se afanaba mucho, pero no le decía nada a Nifer, Por su parte Nifer, disfrutaba cantidades cualquier detalle del viaje y tuvo que reírse mucho cuando su amigo le contó lo del espejismo. Ni siquiera sabía si el camello que llevaba su maletín y su maleta iba atrás o adelante.

Después de unas horas más llegaron al oasis anunciado por los guías, qué maravilla, como cuando uno tiene mucha sed y encuentra o le ofrecen un vaso de agua fría, qué delicia, le parece que nunca hubiera tomado agua. Palmeras muy altas y frondosas, cocos en cantidades, los guías bajaron y nos ofrecieron unos, qué delicia de agua, qué frescura de lugar. Lo primero que hicimos fue meter los pies en el agua, eso fue como una terapia que alivió todo el cansancio, la ansiedad, la angustia. Aunque Doroteo no perdía de vista su baúl, pudo con delicia disfrutar este lugar, así se lo manifestó a Nifer. Comieron lo que llevaban, pan, frutas, dulces, agua que habían comprado a la partida, bebidas energizantes, teniendo el cuidado de no dejar basura o deshechos en ninguna parte que no fuera correcto, pues era casi una ley del desierto y las autoridades castigaban severamente a quienes dañaban el Medio Ambiente del lugar dejando desperdicios. Cuando creyeron que habían pasado un tiempo suficiente, que habían dormido bien, comido y se había refrescado emprendieron de nuevo el camino. No había ningún camino, solo la pericia de los guías los llevaban por donde era, teniendo en cuenta la posición el sol en el día, y la de las estrellas, caída la noche. Unas lunas espectaculares, estrellas muy grandes y luminosas eran la atracción de la noche. Debían de tener mucho cuidado con las víboras, muy comunes en estas regiones y muy venenosas, además, los guías estaban pendientes, pero advertían también a los viajeros, así mismo les advertían que si sentían algo raro, gritos o algo por el estilo que ellos no recibieran, que avisaran, podían ser salteadores, que aunque no muy común no dejaban de presentarse. Eso nunca dejó tranquilo a Doroteo, no pudo disfrutar tanto como Nifer, de todas maneras se sentía contento de poder hacer todo esto por primera vez en su vida, no tenía ni idea que su dinero también servía para todo esto.

Muy a lo lejos, en el amanecer de un día hermoso, vieron un hilito de agua que se deslizaba por medio del desierto, era el rio Nilo, según dijeron los guías. Caminaron muchas horas todavía en el desierto y al filo del medio día llegaron a un puerto del caudaloso rio. Los guías les ayudaron a conseguir la forma de embarcarse, los llevaron a un sitio de comida, donde alquilaron un cuarto y se pudieron bañar, descansar, dormir un buen rato. Al amanecer partirían a lo largo del rio en otro viaje maravilloso y lleno de sorpresas. Doroteo había dormido atado con una cadena a su gran baúl, al momento de partir dos hombres muy fornidos le ayudaron a transportar el baúl hasta la embarcación que los llevaría por el Nilo. Les habían recomendado mucho este viaje pues por el camino les darían a conocer toda la historia de la humanidad, les mostrarían los grandes monumentos de los faraones, les darían tiempo para conocer algunas ciudades muy importante, y un delicado buffet estaría a su disposición durante todo el viaje, al terminar, Doroteo quería seguir, pues disfrutó mucho este viaje y además le permitieron que llevara atado por la espalda, con una esposa especial, a una cadena el baúl de sus tesoros.

El siguiente sitio era nada menos que la selva del Amazonas, su rio, en las tierras de las Américas y toda la belleza natural que estos sitios ofrecen al turismo y a la investigación. Doroteo tenía muchos deseos de conocer, pues su amigo le había contado muchas veces sus maravillas, su fauna, su flora, sus misterio, todo lo relacionado con esta maravillosa despensa natural de la humanidad. Lo mismo, buscaron dos hombres bien fornidos para transbordar el tesoro de Doroteo, en menos de lo que pensaban estaban saliendo de los cielos egipcios rumbo a América. Un viaje muy largo pero agradable dadas las atenciones a bordo de la aerolínea. El piloto iba describiendo los sitios más importante por cuyos cielos pasaba la aeronave y a pesar de la gran preocupación de Doroteo por su tesoro, se interesó mucho en todo lo que oía por los parlantes del avión. Al fin pudieron divisar una enorme mancha verde, una inmensa selva y el curso del rio más caudaloso del mundo, el Amazonas. El sitio de llegada era Manaos, en el Brasil y de allí se desplazarían por toda la selva, parte del Brasil y parte de Colombia, que eran los dos países de más interés y de mayor fortuna por tener en sus fronteras la selva más grande del mundo, con la mejor fauna y flora del planeta.

Estamos aterrizando en Manaos, se oyó la voz del piloto, gracias por viajar con nosotros y una feliz estadía en estos maravillosos parajes. Doroteo no podía dejar de pensar en su baúl, muy contra su voluntad había permitido que fuera en la bodega del avión, no sin antes preguntar a la tripulación si lo podía llevar dentro del avión, para poderlo vigilar en cada minuto. Al bajar contrataron a un par de hombres fornidos para que ayudaran a bajar sus pertenencias y los condujeran al hotel "Las Palmeras" Allí se informaron de los recorridos que podían hacer por la selva, los sitios que podían visitar, pues aspiraban no solo a conocer la fauna y la flora, sino algunas de las tribus de las cuales el amigo le había hablado a Doroteo. Quería ver a las indias de pezones exuberantes y gran cola, como buen viejito verde, conocer de sus costumbres, sus alimentos, sus actividades. Le llamaba mucho la atención entrar a la selva colombiana, pues muchos años hace, un compañero suyo de origen colombiano, le hablaba maravillas de estas tribus, que vivían unas en grupos pequeños, otros en solitario, con una filosofía de la vida muy especial, totalmente apegados a sus tierras, a sus costumbres, a sus dioses, a su alimentación, a su manera de vivir. Mucho del recorrido lo hicieron a caballo y tuvieron que alquilar un par de mulas, para cargar el baúl y la maleta de Doroteo, que por nada del mundo perdía de vista, menos pensar en dejar su tesoro en alguna parte. Se tuvo que llevar un susto tremendo cuando caminando en la espesura de la selva, en un movimiento de su caballo casi cae al suelo y encontró una enorme pitón que le hacía señas con la lengua. Durmieron varias noches en la selva, en rancherías seguras que los indios les indicaban, hasta aquella en cuyo amanecer, sintió Doroteo como que alguien respiraba, abrió tremendos ojos cuando vio encima suyo un enorme felino, un jaguar feroz que huyó despavorido ante el grito desgarrador del susto del viejo. Tuvieron que pensar inmediatamente en el regreso, tomarían un recorrido por el Rio Amazonas, en la parte navegable para terminar de conocer. Descansaron un día en el puerto en donde se debían embarcar, oyeron esa noche muchas historias, como la del periodista que quiso cubrir las noticias de la zona, viajó por el rio con su hijo menor, de unos quince años, en un momento dado, en un rápido del río, se salió de la barca y unos cinco minutos más abajo, tuvo que pagar para que le ayudaran a sacar el esqueleto del niño, que las pirañas habían devorado en menos de nada.

Emprendieron muy temprano su viaje, su recorrido por el rio, unas largas cadenas que Doroteo ató a su cintura, eran las seguridad de su baúl, colocado muy cerca de su puesto, recibieron como de costumbres los salvavidas y él pagó uno extra, por un mal momento. En efecto, no llevaban más de dos horas de recorrido cuando un gran palo de la selva chocó contra la barca en donde viajaban los amigos. Los tripulantes se aprestaron a auxiliar a todo el mundo. El sitio era muy profundo y el río muy abundado, Nifer sabía nadar muy bien pero fue ayudado por los barqueros, los que lograron sobrevivir, salieron unos kilómetros más abajo, Nifer regresó a su tierra y nunca, nunca más volvió a ver a su amigo Doroteo, de   los tesoros del gran baúl...Supo que

los ribereños habían encontrado una maleta
llena de cachivaches, ropa vieja, zapatos,
corbatas, chancletas, mil cosas más, que
repartieron unas entre ellos y otras votaron
de nuevo al rio, entre eso la maleta toda rota
y vieja.

CONCLUSIÓN. Ligeros de equipaje,
físico, mental, so pena de ser arrastrados por
el peso en el primer problema. No cadenas
que nos sujeten , ser libre es andar liviano,
libre de preocupaciones y de apegos.

XI

ESTORBOS QUE CUBREN NUESTRA TUMBA

Todos vamos navegando en el mismo barco, sobre el mismo mar, sobre las misma aguas, con los mismos compañeros, amigos, familia, los hombres, el género humano y podríamos decir con autoridad, con los animales. Vemos el profundo amor que nos une a las mascotas, cómo lo hijos, los niños tienen a sus mascotica como algo muy cercano su corazón, hijo, hermano, amigo...Todos vamos entendiéndonos en el mismo lenguaje, el lenguaje de la vida, de la necesidad, del afecto, del amor, de la compasión, de la ayuda, de la colaboración, de la Fe. No nos podemos bajar de ahí porque nos ahogamos, podemos tomar un barco más pequeño, un esquife, dependiendo de nuestro egoísmo, de la inseguridad en nosotros o en los demás, allí pasamos a la postre mayores dificultades, pero satisfaremos el egoísmo, la egolatría, el orgullo, el falso sentido de la independencia, el machismo, el feminismo. Pero lo más grave es, que el menor viento, la ola menor, nos va a destruir más rápido, en menos de los que hemos pensado. Solo la Fe, la unión y la Caridad nos hacen fuertes, invencibles, adustos, duros, inconmovibles, las vidas podrán sacrificarse, pero como en el poema de Groot, flotarán nuestros espíritus con triunfadoras palmas...

Si es así, si es tan cierto, si es tan real, nos queda acomodarnos totalmente a nuestros hermanos, pasajeros del mismo barco, pensando y obrando que la unidad y la ayuda mútua, son factores determinantes en la felicidad, en el bienestar, por ende. No somos islas, somos un conglomerado con los mismos ideales, con diferentes maneras de pensar, pero con los mismo fines y objetivos, con los mismos problemas, en menor o en mayor escala cada uno, pero el mismo, el común problema a resolver para alcanzar la felicidad y especialmente te para poder vivir en paz, en justicia y en alegría.

En tales circunstancias surge un cuestionamiento muy sencillo, casi espontáneo, si se me permite, ¿Qué estamos guardando? ¿Para cuándo? ¿Para qué?. No queremos recordar la historia tan trillada de la mujer que recibió un vestido muy hermoso de regalo y lo guardó para una buena oportunidad, nunca llegó esa oportunidad, siempre esperaba otra mejor para estrenarlo, cuando decidió hacerlo un fulminante ataque a su corazón la obligó a estrenarlo, el sirvió de mortaja. Guardamos lo que no necesitamos en el momento, quizá en ningún otro momento, no lo sabemos, pero lo creemos, lo que no nos sirve, pero que puede servir a otro, pero no nos desprendemos, lo que ya no se consigue, nosotros lo guardamos por si acaso, ese acaso nunca llega, porque van saliendo cosas mejores, más económicas y duraderas, al final las guardamos como para tener un recuerdo, de Quién? De qué?...Hace diez años murió mi suegra, Dios la tenga en el cielo porque fue una mujer maravillosa, una madre para mí, me quería como dice el refrán, "más que a un hijo bobo… " Me dejó una mesa de madera, preciosa, que usó toda la vida, la envolví en periódicos, la guardé muy bien guardada en mi garaje, cada vez que quiero hacer algo, me toca moverla de un lado para otro, qué lindo recuerdo, pero no me sirve para nada, solo de estorbo y ocupa un espacio precioso. No quiere decir esto que no ama y recuerde el amor de mi suegra hermosa, no, pero su recuerdo me es un gran estorbo, aquí no estoy siendo consecuente con lo que escribo, algún día, tendré que aceptar el error que cometo al tener eso ahí muy bien envueltico...Ella estará muerta de risa, como siempre lo hacía y apenada conmigo, pero yo la perdono y oro por ella, no es la de la culpa, soy yo.

Estamos guardando para cuando lo necesitemos? Ya comprobamos que no lo necesitábamos, por eso lo sacamos del uso, para cuando nos haga falta algo? No nos va a hacer falta, la prueba es que nos sobró, por eso lo sacamos. Para cuando llueva, haga viento, sol...Nada de eso, ya no nos va a servir para nada, porque el óxido, la humedad, del viento la va a destruir...qué pesar. Para qué? Si ya sacamos de uso algo, es porque ya no lo necesitamos, no nos va a ser falta, si falla lo que lo reemplazó, estaremos dispuestos a comprar algo diferente y mejor, tendremos los recursos para hacerlo, no puedes dudar de esa posibilidad, que te ayudará a salir de lo que no usas y tienes "guardado ".

En nuestro navegar, en nuestro ambiente debemos tener todos los espacios ocupados, pero bien ocupados, con objetos que nos sirvan, sean funcionales, con buenos pensamientos, proyecciones muy positivas, un ambiente claro en el horizonte para poder estar siempre en una actitud de ascenso y de superación, algo que nos permita pensar siempre en grande y en mejoramiento de nuestro alrededor. Que irradie luz, claridad, esencias aromática, es decir que nos permitan vivir a plenitud. Lo inservible tiene solo un servicio, y a fe que muy útil, estorbar, impedir, obscurecer, traer malas energías, oler a nauseabundo, fastidiar, no dejar vivir plenamente. Esto implica, que debemos limpiar el cristal de nuestras vida para poder tener una visión diáfana del universo en el cual vivimos, nos movemos y existimos. Ese espacio de las cosas inservibles y estorbosas, es un espacio precioso, limpiemos lo más que podamos, con mucha frecuencia, a cada rato, para poder disponerlo de cosas bonitas y agradables, para colocar en él aquello que nos hace felices, que nos satisface, que nos da alegría ver y sentir. Es el momento de utilizar esa escoba poderosa que todos debemos fortalecer cada día, paso a paso, "LA VOLUNTAD"

Una metodología, manera de disponer estos espacios, es la revisión periódica, continua y permanente de los actos, y como si estuviéramos escogiendo tornillos viejos, oxidados de piezas nuevas, separar y desprendernos de lo oxidado; convirtamos la vida también en actos permanentes de desprendimientos periódico, para que el desprendimiento final no sea tan doloroso. Si estamos alerta a todo momento es menos probable que amontonemos escombros y basuras.

No puedo aquí liberarme, por ahora de los dantescos aconteceres que acabo de ver en una de las mayores tragedias y desastres del país más poderoso del mundo, de los Estados Unidos haciendo frente a tremendo huracán IRMA, Cuba, la Antillas, y el camino de muerte que este monstruo fue trazando en su recorrido. Antes había sucedido algo nefasto también en el estado de Texas, USA, con menos intensidad, claro está pero no menos preocupante y nefasto. Familias enteras en Texas ahogadas. Por qué? Las aguas subieron y cubrieron las edificaciones, los garajes llenos de cosas, imagino muchas de ellas inservibles, no dejaron salir las personas y se vinieron sobre sus habitantes para impedirles la salida y murieron ahogadas en en ese maremágnum de cosas, con Irma, un caso similar en Los Cayos, de Florida USA, cientos de personas en peligro porque la cantidad de cosas y enseres les impedían salir de sus casas. Tengo una imagen muy nítida en mi mente, que dejó mi retina, de una mascota, un perrito que tomó la ropa que ya la familia tenía empacada, se dirigió varias veces a sus amos, a los niños como diciéndoles, "vámonos que va a suceder algo terrible…" la señora llevó la iniciativa, la que era el ama de casa, tomó lo "indispensable", en una lancha salieron de la casa, de la manera más liviana que podían. A las 6 horas puntuales ese hogar, que salvó la mascota, estaba prendido en llamas y al regresar después de la tragedia, solo encontraron lodo y ceniza, pero estaban vivos sus dueños, aquellos a quienes no les importó nada dejar seguramente la cantidad de cachivaches que tenían. Lo importante era la vida, no las cosas. Ese acto heróico de desprendimiento les salvó la vida y hoy dan gracias al Creador y a su mascota.

En tragedias como ésta, en un momento dado oímos, recibimos la orden de evacuar. Pero para dónde? Cuándo? No sabemos, pero tenemos que irnos, ya, no en otro momento, es ya porque la muerte y la tragedia están golpeando fuerte a la puerta de la casa, los hijos, la pareja, se nos acabó el tiempo. Cuando mucho una mascota, los animalitos también hay que llevarlos o buscarles otra salida, ellos son muy inteligentes y se pueden salvar. Qué nos impide salir ya? El apego de pronto a las cosas, útiles o no, pero si nos ponemos a recoger basura, utensilios viejos, cachivaches, se abre a nuestros pies la sepultura de la muerte, hay que salir, pasar por encima de todo eso, de lo que somos y no somos capaces de superar, pero hay que salir abandonar el lugar de confort en donde estamos, eso lo recuerdo muy claro, porque lo acabamos de ver en los sitios y lugares que he reseñado y en todo el mundo donde a diario se presentan tragedias de la naturaleza, el caso doloroso de Méjico, todos los desplazados del Oriente Medio, de Pakistán, de Arabia, de los sitios en conflicto, del mundo entero hoy sacudido por grandes desastres y asoladores cataclismos.

Nos queda algo muy serio de pensar y de asumir. Es necesario una depuración de todo lo que poseemos, en la mente, en la casa, en el garaje, en el cuarto de san Alejo. Con lo indispensable es suficiente, el camino es largo, escabroso a veces, difícil siempre, puesto que nada es fácil , Incluso ese tipo de desprendimiento. Hay un cofre que debemos cuidar solamente, los buenos recuerdos, los que nos hacen felices, la gratitud con las personas tales como los padres, la familia, los amigos, algunos de manera especial, los buenos ratos, sin quedarnos dormidos en esos momentos, buenos ciertamente, pero ya disfrutados. El agradecimiento, aún de los favores mínimos, como ejemplo es un elemento que solo va en las almas nobles, que no se puede olvidar, que es de corazones generosos, que debe aflorar en todo momento, siempre que damos las gracias, que nos sentimos agradecidos, sentimos que crecemos en felicidad y en paz de la conciencia. La gratitud no infiere pérdidas, a no ser el recuerdo de aquel que se sacrificó por mí, que asumió una posición incómoda por ayudarme, que murió por mí, que ofrendó su vida por salvarme, por salvar a los míos, en este mundo convulsionado y violento, hay unos héroes que dan la vida por sus amigos, hay seres no buenos pero otros los hay extraordinarios, esos deben ir siempre en nuestro recuerdo, en las oraciones, en los buenos deseos, en la ayuda...Los recuerdos que merecen perdón deben estar ahí, los rencores, los odios nos envenenan, no nos dejan vivir en paz, nos estorban. Dejémosle trabajo al Juez, no debemos juzgar para amargarnos, solo perdonar, por grave que sea la injuria. Qué ejemplo tan hermoso el de esas madres que están perdonando en su corazón a los asesinos de sus hijos, de su maridos…Que los tienen al frente y les dan el perdón. Una de ella decía: " No he podido perdonar, pero todos los días pido a Dios que me conceda la gracia del perdón para poder vivir en paz conmigo misma y con la sociedad…"No es ésto muy hermoso? Los Procesos de Paz, deben ser principalmente Procesos de Perdón…

Qué felicidad no experimentaría si alguna persona de las que lean estas líneas me manifestara que se siente libre por haber seguido mis orientaciones, que es capaz de desplegar su alas al viento en libertad como un gran pájaro, porque se ha liberado de tanta basura, porque ha podado el árbol de su malos recuerdos, porque se ha decidido a perdonar, porque que se ha desprendido de tanto cachivache que tenía en el garaje, de tanta telaraña, de tanto estorbo…Me sentiría muy bien pago del tiempo y de mis capacidades que he dedicado a esos pensamientos.

XII

EL COFRE DE DIAMANTES

En épocas de tragedias como la que estamos viviendo, acudimos a guardar en un sitio, en un empaque especial, en un sobre, en una urna, los documentos muy importantes y las joyas que poseemos. Acudimos incluso a nuestro Banco de confianza, para buscar un Apartado y dejar guardado aquello que si desaparece en la catástrofe, temblor, sismo, inundación, incendio...nos va a causar un gran daño. Todo eso no hace parte de los cachivaches de los cuales hemos venido hablando, eso es algo que a diario necesitamos en caso de necesidad, demostrar la propiedad, obtener un dinero urgente, en fin, eso es más bien como un tesoro que tenemos disponible para cuando lo necesitemos. Las joyas si van en un cofre, dependiendo de la persona y de sus capacidades, bruñido en oro, plata u otro metal noble, aquí en este caso es de diamantes, porque guardamos esmeraldas, rubíes, las arras del matrimonio y diamantes. El tiene un sitio preferencial en la casa, detrás de un cuadro en una alacena secreta que hicimos para tal fin, en un baúl cerca de donde dormimos, en el piso enterrado en bóveda revestida para que la humedad no lo deteriore, en fin, en un sitio secreto, solo sabemos los de la casa. Este cofre es solo de cosa materiales, pero muy valiosas y en disposición de servir en cualquier momento, de ser útil para una necesidad apremiante, enfermedad, viaje inesperado, en fin está a disposición a todo momento, tiene una funcionalidad inmediata.

Pero hay otros cofres, no menos preciosos que se deben cuidar con esmero, sin que nos esclavicen pero con delicadeza, porque nos van a servir para darnos energía, vitalidad, ganas de vivir, cuando estemos tristes o hayamos caído en depresión. Son Cofres muy útiles y funcionales. Es uno de ellos el Cofre de los recuerdos. Muchas veces vemos a una persona caminando sola, distraída, pensativa que se sonríe también sola, nadie le está hablando, el recuerdo de algo bonito le habla en su más profundo interior. Es su infancia bonita que se hace presente, los mimos de la madre, de la abuelita, del padre, de la muñeca que fue su compañera inseparable mucho tiempo, con la que hablaba, jugaba, disponía, la llevaba a las visitas, la regañaba, le servía la comida, en fin...Es el recuerdos de sus primeros viajes con sus padres, con su familia; los regalos primeros, las primeras lecturas, las primeras tareas escolares sobre las cuales la maestra nos felicitaba, cuando creíamos que eran unos feos garabatos; es el Cofre de nuestros primeros grandes acontecimientos. No puedo olvidar que el día de mi Primera Comunión, mi tía Helena, una viejita maravillosa, me hizo llegar una razón cuando estaba desayunando en mi casa con mis padres, hermanos y un vecino que también recibía a Jesús por la primera vez, que fuera hasta su casa, que me tenía un "Tamalito "de desayuno con chocolate y huevos, y un regalito. Una preciosa chaqueta que me daba a la cintura, hecha por ella misma, pues era una, la mejor modista del pueblo. Aún tengo el sabor del tamal y me veo con tan hermosa chaqueta orgulloso ante los demás niños...

EL COFRE DL RECUERDO, que mantiene vivos a los personajes que me hicieron feliz en algún momento de mi vida, que sacrificaron algo por mí, que me ayudaron que me enseñaron, que me orientaron, que en alguna cosita me ayudaron a ser feliz así fuera por un momento. Mi padrino Olinto me daba cinco centavos cada vez que lo encontraba y le pedía la bendición, con las manos puestas: "Bendición padrino..." Mi padrino está en ese cofre, mi madrecita, tan especial conmigo, sus mimos, sus esmeradas atenciones, sus cuidados en mis resfríos, tos ferina, sarampión...mi padre y sus miramientos tan especiales, sus correcciones, sus "Dios me lo bendiga siempre, hijo..." mis hermanos, que se peleaban unas veces, tolerantes otras, mis mejores amigos siempre, el acompañamiento a mi hermana mayor al campo cuando se iba los lunes para la escuela de Tapaguá, era la mejor y única maestra de la vereda, el sábado tenía que volver por ella pues era una niña de diez y seis añitos, a pesar de ser yo un "buche" de ocho nueve añitos. Nos decían chinos o buches a los niños de esa edad, en el pueblo. Don Aniano que me prestaba el caballo de vez en cuando para ir a traer a la maestra, las "Palomitas "unas viejitas muy amigas de mi madre, que vivían a la mitad del camino, siempre tocaba, entraba y las viejitas "llegó el negrito de la comadre Teresa...grita Jesusita, " me daban leche, o café con leche, cuajada, almojábanas, arepa, todas las delicias del campo, solo decía gracias y seguía mi camino, no entraba cuando iba a caballo, que era rara vez, no puedo olvidar a la "Palomitas"...Mis maestros, don Heliodoro Basto, eminente pedagogo, el maestro

Eustaquio Acevedo, mi tía Susana y Doña Hilda que vive aún para delicia del recuerdo y de la gratitud...Mis compañeros acólitos, los sacerdotes a quienes les ayudé en la Eucaristía, a los que más tarde me dieron la mano, el Padre Luisito que me inició en mi magisterio, El padre Augusto Pinilla, mi compañero de trabajo y al Obispo y mártir ISAÍAS DUARTE CANCINO, vilmente asesinado en Cali cuando terminaba la Santa misa, mi amigo de Girón, mi benefactor, quien me llevó a Europa, con quien fundamos el Colegio de Llano Grande en Girón y el Primer Colegio del Poblado, quien fundó el Colegio de las monjitas en el casco urbano de Girón, también, el fundador del ancianato más bonito y cómodo de la región, el Museo de oro de la la Iglesia y mil obras más, Dios lo tenga en la gloria y le permita llegar pronto a los altares. No solo un santo sino un mártir. Muchos otros personajes como estos guardo en mi Cofre de bonitos recuerdos. Monseñor Rafaelito Lizcano García, que el Señor acaba de llamar a su reino, Ramón, Lope, Secundino, compañeritos de mis primeros años de escuela...Sofía Suárez, mi primera y única nana...

EL COFRE DE LAS ILUSIONES. A veces nos causan

nostalgia, pero es como una nostalgia bonita, fueron el origen acciones emprendidas, no todas culminadas pero el origen de otras, sueños que que se realizaron en parte, parcial o totalmente o que no fueron, pero dieron origen a nuevos sueños. Si no se sueña, si no se tienen ilusiones, no se cosechan nunca realidades. Somos con mucha frecuencia, la realización de nuestros sueños, y vivimos las ilusiones del pasado con alguna frecuencia, somos la conjugación de los sueños y de las ilusiones que alguna vez tuvimos...La grandeza que tengamos actualmente tengamos es sin lugar a dudas, lo que un día soñamos y que la constancia y el esfuerzo hicieron hoy realidad. Sabios, intelectuales, negociantes, empresarios, artistas...somos lo que soñamos...

EL COFRE DE LA REALIZACIONES. Somos unos triunfadores, nos equivocamos a veces, las equivocaciones nos hacen fuertes si las sabemos canalizar, pero las acciones realizadas deben ser una gran fuerza para vivir, los éxitos obtenidos sin ser idealistas y etéreos, nos hacen vivir intensamente, no creímos que hubiéramos podido hacerlo, lo hicimos, estudiamos, nos graduamos, logramos montar el negocio con el que soñamos, viajamos a donde siempre quisimos viajar, nos pusimos en contacto con el personaje con quien tanto bregamos para conseguir, fundamos un hogar, el más lindo del mundo, la mejor esposa, los mejores hijos, tenemos los mejores amigos, pocos pero los mejores, adquirimos las habilidades que tenemos para trabajar, para vivir, aprovechamos las cosas pequeñas para hacer de ellas grandes realizaciones, nos expresamos con facilidad, sabemos varios idiomas, tenemos un gran Cultura General, aprendimos a ser sencillos, aprendimos la valentía en las luchas diarias, tenemos unos valores claros sobre la grandeza personal y la de los demás, somos respetuosos con nosotros mismos y con los demás, amamos la naturaleza, valoramos en sus justas dimensiones la grandeza del Creador y el valor de nuestro propia vida, estamos convencido de nuestras ideas políticas, religiosas, pero somos respetuosos de las ideas de los otros, el tiempo no es nuestro verdugo sino nuestro aliado, todo lo que hacemos tiene una proyección en lo material y en las cosas del espíritu, hay siempre una razón para hacer lo que hacemos, entendemos que la omisión es la negación de la acción, lo que hacemos no lo hacemos por hacerlo sino para construir, creemos que si construimos con conciencia el presente, estamos asegurando el futuro y olvidando lo que tenemos que olvidar del pasado. Somos conscientes también, que las grandes obras empiezan por pequeñas realizaciones pero en forma muy planeada y precisa.

EL COFRE DE LA FAMILIA. Oímos decir con alguna frecuencia que uno no tiene sino familia, especialmente cuando sentimos el zarpazo malévolo de los "amigos". Tienen razón no solo en estas circunstancias sino en muchas otras. Después del amor de la madre, no sigue nada, de los desvelos y cuidados del padre, no hay cosa parecida, el efecto y la sinceridad de los hermanos. Eso es en realidad como el núcleo familiar. Núcleo, porque dentro de ese círculo nacemos, nos desarrollamos, crecemos...Los tíos, los primos, los allegados, son circunstanciales, cercanos pero no tan unidos como lo son los miembros del núcleo familiar. Cada familia tiene sus costumbres, su reglamento, su manera de desarrollar su vida. Sin embargo ellos son nuestra sangre y debemos quererla y valorarla como tal. El alejamiento es un acto de ignorancia, de falta de reconocimiento de valores y especialmente de gratitud. Grave, porque el ingrato carece de sentimientos nobles, de grandeza, de reconocimiento, casi es uno de los pecados mayores de la humanidad. Ellos son el origen de nuestra vida, no solo eso, lo que implica la crianza, el cuidado de la salud, la alimentación, pero especialmente la carga de amor y de virtudes que se prenden del alma para toda la vida. Podremos negar todo lo que queramos, pero nunca el origen, de dónde venimos, quién nos dio la vida...

EL COFRE DE LA GRATITUD. La gratitud es una flor a veces parecida a la violeta, humilde, siempre impregnada de un inconfundible aroma, discreto pero muy agradable, como esquiva a todas las miradas, el suave color morado del desprendimiento y de la humildad, de la grandeza. Pero le advierte a todo el jardín que ella esté ahí, que todo lo aroma, que todo lo ilumina y que todo lo perdona, que su perfume opaca el olor desagradable de algunas plantas, que su humildad engrandece toda la estancia del jardín. Que está escondida para no atraer las miradas, pero que siempre está dispuesta a premiar a las aves, a los animalitos y a las personas que se atreven admirar y a recrearse en las flores. Ella es la voz de las pequeñas cosas que dice grandes y maravillosas verdades de humildad y de servicio siempre. La Gratitud suele ser también como un hermoso lirio, blanco o de colores que se levanta solo para producir alegría, para alabar a su creador por haberlo hecho tan bello, que provoca la atención de todos sus amantes a lucirlo en su floreros de la sala, del comedor, no importando que tenga que agonizar muy lentamente en un jarrón o un florero. Otras veces, es como un clavel, blanco para expresar lo más profundo del dolor, como cuando se exhibe en la solapa de los hombres en el día de la madre, rojo como cuando se le regala un manojo al ser más querido, más cercano al corazón, rojo como la fuerza de la sangre, rojo como el espíritu de las pasiones que hacen del amor un portento y una gran manera de vivir o de entrar por la puerta de la felicidad. Es como ese clavel deshojado que llena un tapete para que pasen los seres grandes en el arte, en los méritos, en la sublimación de alguno de los valores de la humanidad. Lo cierto es que la Gratitud es la cara más hermosa de la nobleza, de la sublimación y de la grandeza de un ser cuya alma destella pureza, buenos sentimientos, luz, fe, buenos propósitos, deseos de renovar el mundo. Es un cofre muy delicado que debemos cuidar con especial esmero si queremos vivir una vida de felicidad y de ayuda en el consecución de la felicidad de los demás. No olvida ningún favor, por insignificante que sea, nunca parte sin regresar la mirada a quien le ha dado un pedazo de pan, nunca deja de levantar una plegaria por quien ha sido un peldaño en la escala de su vida, siempre extiende o junta las manos para dar bendiciones a su benefactores, siempre está de rodillas para orar por sus amigos bienhechores y siempre está de pie para devolver el favor recibido, sin proclamarlo ni lastimar a nadie. La gratitud es como una forma muy clara de amar y de servir, de permanecer y de trascender, de ser y de proyectarse, de presente y de futuro en el recuerdo claro del pasado. Ese precioso Cobre es la clave del éxito de las almas nobles y generosas. Mostremos en este Cofre el relato del amigo de Francisco en su País. Era un vendedor de periódicos y de revistas, el Cardenal Bergoglio todos los días iba personalmente a comprar el periódico para enterarse de las noticias, antes de desayunar. Un buen día, en letras grandes la noticia de primera página. RENUNCIA EL PAPA BENEDICTO XXIII. Al parecer eran problemas de salud que aquejaban al Pontífice. Usted, Cardenal será el próximo Papa, le dijo el librero. No soy digno de tan alta dignidad, le contestó el Cardenal. Noticias de la reunión del Cónclave para elegir papa, el Cardenal tuvo que viajar a Roma y después de varias votaciones hubo humo blanco. El Cardenal encargado de la noticia dijo : "Habemus Papa..." Luego las noticias confirmaron que el nuevo Papa era Argentino, EL CARDENAL JORGE MARIO BERGOGLIO y que tomaría el nombre de FRANCISCO. El librero al oír semejante noticia brincaba de alegría y daba gracias al cielo por tan magno acontecimiento. No bien se había recuperado de su alegría le entró un llamada de Roma, del Vaticano, era nada menos que el Papa; "Hola amigo, le habla el Papa Francisco, cómo ha estado...Lo llamo porque usted fue el primero que recibió la luz del Espíritu Santo, ahora soy el nuevo Papa de la Iglesia Católica, llamo además para darle las gracias por haber adelantado este paso y por todos los servicios que usted me prestó con su negocio, hasta fiarme el periódico cuando no tuve el dinero para comprarlo, Dios le pagará siempre y yo en Nombre de Dios lo bendigo..."

4. Son tres los sujetos del perdón:

 A. El Creador que nos ha dado unos mandamientos y mandatos para regresar a El.

B. Nosotros mismos y

C. El otro.

    A. Llamémoslo Dios, Jesús, Arquitecto del universo, Jesucristo...No fuimos creados por nosotros mismos, no somos auto creados, somos fruto de una Creación y ese Creador merece todo nuestro respeto y la obligación de cumplir con sus mandatos si queremos regresar a El. Si quebrantamos sus leyes, especialmente la ley del amor y de la ayuda al otro, no nos queda otro camino que pedir perdón y El nos perdona por haber sido nuestro padre y el dueño de la vida. En el caso de Jesús, nos amó tanto que murió en una cruz por redimirnos del pecado. Eso amerita que le pidamos perdón si no le obedecemos.

    B. No creo que uno solo de los seres creados cometa un acto voluntariamente, intencionadamente en contra de sí mismo, pero cometemos faltas muy graves, pecados enormes contra nuestra salud, física, religiosa, moral, social, afectiva...Eso amerita que nos perdonemos, que veamos cuál ha sido su gravedad, establezcamos un propósito y nos perdonemos de verdad. Esos pecados no tienen porqué amargarnos la vida, causarnos remordimientos que no nos permiten vivir, no, hay que perdonarnos y seguir adelante. Olvida todo lo malo, decía Francisco, el gran Papa actual que : "A lo pasado pisado " si lo que pasó es inevitable, lo que si no lo es, es que carguemos siempre con la culpa. Cuántas veces la inexperiencia, la imprudencia, la falta de criterio y de discernimiento, no nos llevó a grandes abusos, a placeres insanos, a perjudicar a otras personas, a robarles, a profanar su integridad personal, su sexo, su pensamiento, su debilidad ... Eso que nos resta todo deseo de perfección humana, es digno de ser perdonado, debe ser perdonado por nosotros mismos, de eso nace el propósito de no repetir jamás esos actos. Lástima grande que no hubiera pensado de joven como pienso ahora, nos repetimos cuando nos hundimos en eso recuerdos, no, no debemos hacerlo, pero son inevitables a veces, lo que hay que hacer es no consentirlos...y adelante la mirada, porque si no miramos adelante es muy probable que tropecemos y caigamos de nuevo...

C. El otro, "Todo lo que hicisteis a otros, conmigo lo hicisteis.., "en bien o en mal, el otro es fundamental, la razón casi de nuestro existir es el otro, el familiar, el amigo, el enemigo, el bueno, el malo, el pobre, el rico, todos, todo lo que es el otro, es nuestra razón, en consecuencia el servicio, la actividad que hagamos, lo que pensemos debe tenerlo siempre en cuenta. Nadie es tan independiente que no dependa de alguien, ni nadie es tan solitario que no tenga quien dependa de él, somos el engranaje humano, somos la rueda, el barco en que todos navegamos con el mismo destino, con muchas facilidades unos con dificultades otros pero un mismo destino. Si no hacemos nada por el otro, siempre sentiremos el vació en las manos, eso es el pasaporte para reclamar el premio al final del camino, la abundancia de buenas obras, de buenas acciones, la plenitud que nos dará la recompensa eterna, nada más pero tampoco nada menos. Por eso el perdón debe estar a flor de labios para el otro, el perdonar es sanar el corazón, pedimos perdón al otro y nosotros somos los que sanamos... Ese Cofre tan delicado debe tener la mayor atención siempre, en cada uno de los pasos que demos.

EL AUTOR

1) Inicialmente educado por l;a Comunidad Lasallista, en el Aspirantado y el Noviciado Menor, Bogotá.

2) Normalista Superior, Licenciado de la universidad Santo Tomás.

3) Post Grado en Multimedia Educativa.

4) Experto en Historia de la U.I.S.

5) Profesor de Catequesis en el INEM Custodio García Rovira, de Bucaramanga, Santander.

6) Publicaciones en varios periódicos de Bucaramanga.

7) Profesor en el Seminario Conciliar de Pamplona, Norte de Santander, "Apostólica de Bochalema", Colegio La Salle de Cúcuta, La Salle de Bucaramanga, Instituto Tecnológico de Bucaramanga.

8) Rector por largos años en prestigiosos Colegios de Bucaramanga.

9)   Fundador del CONSEJO DEPARTAMENTAL DE RECTORES, hoy "ASDIDOC" de Santander y su presidente por más 20 años.

10)   OBRAS ESCRITAS:

□ ESPORAS, libro de poemas
□ RELUMBRANTE. Libro de Poemas costumbristas
□ RELATOS, Viajes alrededor del mundo, narraciones.
□ EL TÍO TUTO, Biografía
DIÁLOGOS CON SOL MARÍA CAROLINA DE LAS FLORES, Novela costumbrista

□   TANO O LOS NAUTAS DE UN NUEVO

UNIVERSO. Novela
☐   LA TIJERA DE PODAR.

●   EN IMPRENTA:

▪   SENDEROS FUGACES, Cuentos

☐ EN BUSCA DE LA AUTORIZACIÓN DE LA
ARQUIDIÓCESIS DE MIAMI
▪   EL HOMBRE POR EL HOMBRE
A DIOS
▪   UTOPÍA DEL PECADO

Title ID.: 7640984
ISBN: 13_978_1978013452 (10/9/17)

FUNDACIÓN DE COLEGIOS O DE MEDIA Y HIGH
SCHOOL

REORGANIZACIÓN DEL "COLEGIO INTEGRADO DE
COMERCIO FRANCISCO SERRANO MUÑOZ" DE GIRÓN,
SANTANDER.

COLEGIO DE "LLANO GRANDE " GIRÓN.

COLEGIO DE EDUCACIÓN MEDIA EN EL POBLADO DE GIRÓN

COLEGIO GONZALO JIMÉNEZ NAVAS. "LA CUMBRE ' FLORIDABLANCA, SANTANDER.

COLEGIO "FRANCISCO DE PAULA SANTANDER " BARRIO SANTANDER, BUCARAMANGA.